UM MÍSTICO BRASILEIRO

Vida e milagres de Antônio Conselheiro

Tradução feita a partir dos originais: *A Brazilian Mystic, being the life and miracles of Antonio Conselheiro*, Books for Libraries Press, Freeport, New York, 1971 e *Un místico Brasileño – vida y milagres de Antonio Conselheiro*, Lectores de Banda Oriental, Montevidéu, Uruguai, 2001.

Indicação editorial:
Jorge Schwartz

Capa e ilustração de capa:
Manu Maltês

Preparação e revisão de texto:
Gênese Andrade

Diagramação:
Eveline Teixeira

Impressão:
Cromosete Gráfica e Editora Ltda.

Catalogação na fonte:

Graham, Robert B. Cunninghame
Um místico brasileiro: vida e milagres de Antônio Conselheiro / Robert B. Cunninghame Graham, tradução de Gênese Andrade e Marcela A. C. Silvestre. - São Paulo : Sá Editora / Editora da UNESP, 2002.

Título original: A brazilian mystic, being the life and miracles of Antônio Conselheiro.
ISBN 85-88193-18-3

1. Brasil : História. 2. História : Brasil . I. Andrade, Gênese. II. Silvestre, Marcela A.C. III. Título

CDU-981

---

elaborada por Silvia Maria A. de Oliveira CRB/8-4503

SÁ EDITORA
Av. Jabaquara, 2.940 – Cj. 116
04046-500 – São Paulo – SP
www.saeditora.com.br

Robert B. Cunninghame Graham

UM MÍSTICO BRASILEIRO

Vida e milagres de Antônio Conselheiro

Canudos: um episódio da História Universal
por Sara Castro-Klarén

Prefácio à edição uruguaia
por Pablo Rocca

Tradução
Gênese Andrade
Marcela A. C. Silvestre

Sá editora
Editora UNESP

SUMÁRIO

CANUDOS: UM EPISÓDIO DA HISTÓRIA UNIVERSAL

por Sara Castro-Klarén

A primeira vez que li *Um místico brasileiro* foi em um curso de pós-graduação na Universidade da Califórnia lá pelos anos sessenta. Li-o de uma vez sem conseguir me desprender do drama do relato. Foi uma leitura feita para ampliar o enfoque de um estudo sobre a grande obra de Euclides da Cunha, *Os Sertões* (1902). Lembro-me ainda do contraste entre a rápida narrativa do livro em inglês e a laboriosa entrada na arqueológica prosa de Euclides.

Uma leitura posterior ocorreu por ocasião de outro trabalho de pesquisa sobre o fenômeno de rebeliões inspiradas em ideologias religiosas. Supunha então que a religião e a política eram duas coisas que a modernidade havia conseguido manter à parte. Os relatos sobre o Padre Cícero, Pedra Bonita e o Conselheiro demonstravam o contrário: o constante intercâmbio e reciprocidade entre a política e a religião. Descobri assim que existia uma ampla literatura sociológica e romancística sobre o Padre Cícero, os acontecimentos de Pedra Bonita e outras rebeliões no sertão. Essa literatura deixava claro que o fenômeno de Canudos não era, como muitos pensam, uma aberração, mas sim uma das tantas rebeliões de camponeses, ou subalternos, que encontram no sistema de crenças denominado "religião" pela modernidade um sistema de pensamento social e ético que permite acesso à criação da ação política. Mas acima de tudo descobri os jagunços, povo cujo estilo de analisar e saber havia me fascinado no poderoso romance de João Guimarães Rosa, *Grande sertão: veredas* (1956).

Voltei outra vez à narrativa de Cunninghame Graham para os ensaios que escrevi sobre o impressionante *La guerra del fin del mundo* (1981) de Mario Vargas Llosa.

Em cada momento, *Um místico brasileiro* recobra sua imensa capacidade de capturar a imaginação do leitor e, ao mesmo tempo, colocar-se em contato com os problemas da atualidade: a guerra de extermínio conduzida por um grande poder contra uma minúscula ameaça, a dinâmica dos holocaustos, a força histórica da paranóia. *Um místico brasileiro* recorda-nos que o massacre de Canudos não foi nem será o último. E o que é mais estarrecedor: ainda há que aprender essa lição. As forças cegas que se confrontaram em Canudos continuam vivas. É por isso que vale a pena ler esse livro hoje, lê-lo como um espelho no qual talvez possamos ver a cara da história que não se deixa dispor em um passado já caduco.

A leitura de quaisquer das versões do fenômeno de Canudos é pois desde já palimpséstica. Um texto convoca o outro. Cada texto reinsere o outro dentro de épocas e coordenadas com as quais marca sua diferença mas, ao mesmo tempo, estabelece uma profunda e ineludível filiação. Nenhuma versão da história de Canudos escapa à poderosa configuração das forças discursivas que travam ali o duelo de morte. A dimensão e persistência dessas forças parecem sempre eludir a capacidade do narrador de dar conta cabal do sentido dos fatos e dos nós que organizam, ou melhor dizendo, que são utilizados para organizar uma estrutura temporal de atos e diligências. Apesar da ordem cronológica que a biografia de Antônio Conselheiro projeta sobre a organização historiográfica dos fatos durante o período do movimento (1874-1897), o caráter factual dos acontecimentos poderia pertencer igualmente a uma série sem sentido. Afinal de contas e apesar de que os narradores de Canudos começam dando como certo o desenlace final dos ineludíveis feitos, a trama que os configura não por certo escapa a uma forte semelhança com a oximorônica classificação do zoológico do imperador chinês. Como já sabemos, com essa metáfora Borges demonstra que toda série, assim como as letras do alfabeto, é arbitrária.

Os três grandes títulos que estabelecem Canudos na história humana buscam enraizar seu relato em uma linha interpretativa que seja capaz de oferecer sentido e razão aos avatares do incrível massacre de inocentes. As três versões submergem em passados antigos em busca de causas que de alguma forma prefigurem ou justifiquem o apocalíptico fim. Euclides desdobra a intrincada configuração do vasto e ignoto (para os que não vivem no sertão) território geo-político dentro de cujas coordenadas topográficas a história de Antônio Conselheiro é tão somente mais um acidente. Por isso sua obra intitula-se *Os Sertões*, apelativo que indica desde já uma sobreposição de situações. Por um lado, aponta-se para a diferença, a alteridade, o fora a que pertence tudo aquilo que demanda caracterização e/ou descrição e, por outro, aponta para seu pertencimento, mesmo marginal, a um centro (o Brasil imaginado pela República). Escrever à distância de "os sertões" permite estabelecer o limite entre o dentro e o fora em uma dinâmica de sobreposição de margens. Para Euclides, o republicano, nessa dinâmica do dentro e do fora se situa a questão nacional. A nação imagina-se capturada e debatendo-se entre um desejo (requisito) de unidade compreendida como homogeneidade e uma realidade heterogênea compreendida como um desafio à unidade organizada como hegemonia de alguns setores sobre outros. Assim concebida, a dinâmica entre centro e margens é desesperante porque resiste a ser pensada dentro das oposições operadas nos saberes manifestados.

Para os outros dois textos, escritos por estrangeiros cuja distância e proximidade do Brasil por si só complica sua abordagem da história de formas muito diferentes, o relato busca sua ordem e sentido nas idiossincrasias dos participantes da hecatombe de Canudos. Se bem é certo que tanto Cunninghame Graham como Vargas Llosa seguem fielmente Euclides da Cunha, a fonte principal de ambos – análise geo-social, tipos raciais, crenças religiosas arcaicas –, também é certo que ambos recolhem tanto em seus títulos como na figuração das possíveis motivações dos personagens de seu relato para enfatizar o fator psico-religioso. Entre o místico de Cunninghame Graham e o fanático de Vargas Llosa há pouca distância, apesar do colorido pós-moderno que Vargas Llosa tenta oferecer com a figura histriônica do frenologista em *La guerra del fin del mundo*.

Cada uma das versões de Canudos exibe as marcas de seu tempo e seu público leitor. Euclides provavelmente não imaginou ser lido fora de seu país. Não foi nada fácil publicar seu livro. Tanto é assim que ele mesmo teve que pagar os custos de impressão da primeira edição.

Cunninghame Graham decide escrever a história de Canudos durante uma de suas viagens de regresso à América do Sul. O navio que o levava à Argentina ancorou por alguns dias na Bahia. O viajante inglês depara-se aí com a história do ocorrido durante sua ausência. É nesse momento que o já famoso escritor no mundo de língua inglesa, conhecido por seus livros sobre o *gaucho* e outras figuras marginais ao crescente império inglês, decide fazer sua versão inglesa da incrível história de Canudos. Escreve para um público metropolitano burguês. Indivíduos que se amontoam no conforto de seu escritório para ler livros escritos por viajantes capazes de trazer o distante fora para o âmbito doméstico das cidades imperiais. O leitor inglês de Graham não está sujeito à ameaça da "Continuidad de los parques" de Julio Cortázar. Um livro como *Um místico brasileiro* assegura a seu leitor a infranqueável distância entre seu mundo e o dos jagunços. Com Graham como guia, o leitor pode apreciar melhor os erros táticos dos chefes do exército brasileiro, alegrar-se e também lamentar os brilhantes acertos de Pajeú, o adversário das forças da civilização. Como em toda boa épica, em *Um místico brasileiro*, o inimigo, os jagunços, são também valorosos e inteligentes. Graham não perde jamais de vista as técnicas e retóricas necessárias ao suspense de seu relato. O leitor de *Um místico brasileiro* perde-se no deleite da leitura e se deixa levar pelo bem marcado ritmo da narração que relata as campanhas da guerra com precisão e eficácia. Depois de um relato relativamente breve, o leitor imperial chega satisfeito às portas do desenlace. As causas da guerra foram estabelecidas, a ocorrência do massacre tem sua razão de ser.

Vargas Llosa escreve o romance depois de ter decidido não fazer o filme e narra com uma habilidade visual somente comparável à experiência cinemática. O romancista peruano, imerso no desafio político do *Sendero Luminoso* ao estado peruano e à ordem internacional, escreve para um público globalizado. O leitor contemporâneo, treinado pelos meios de comunicação no consumo do exótico, das lutas sangrentas e sem trégua que se dão nesse incompreensível fora, já não precisa saber da história do Brasil para deixar-se envolver nas vicissitudes dramáticas das espetaculares aventuras dos guerreiros de *La guerra del fin del mundo*. Torna-se desnecessário identificar-se com as alternativas da nação para seguir apaixonadamente o relato de Jurema, o jornalista míope, Antônio Conselheiro, o Barão de Cañabrava, Gonçalves Viana, a família Vilanova e o maravilhoso Pajeú. Para essa leitura, o Brasil inteiro fica situado nas margens. *La guerra del fin del mundo* é tão somente uma vaga referência em sua complexidade histórica. O leitor implícito de *La guerra del fin del mundo* modela-se no autor de uma das primeiras resenhas da tradução para o inglês. Esse intérprete ilustrado termina advertindo ao leitor do *New York Times Book Review* que poderia ser que essa história fosse verdadeira e sendo assim haveria ocorrido no Brasil mais ou menos na mesma época em que o romance a situa.

Trata-se então de três versões diferentes de um mesmo fascínio com Antônio Conselheiro, com os jagunços e camponeses que se defenderam até o último corpo que lhes ficou disponível, e com o exército que marcha sob as ordens da República e massacra seus próprios cidadãos quase sem deixar ninguém que pudesse contar a história sob o ponto de vista de Canudos. Ficaram somente fragmentos de testemunhos. Não houve uma Rigoberta Menchú que tivesse sobrevivido para contar a história. É precisamente essa ausência de um discurso a partir de dentro de Canudos que abre um espaço para as várias versões. Todas igualmente tentam construir um ponto de mira para poder narrar sob o ponto de vista do que imaginam ser o dentro mas sem abandonar jamais seu bem estabelecido *locus* enunciativo nas ciências do momento e sua identificação com o leitor nacional ou imperial. É por isso que por igual deixam **o vazio** a ser preenchido. Esse **vazio** se faz mais pronunciado quando se lê as três narrações em conjunto e se constata quão bem ancoradas estão nos saberes de seu tempo: o positivismo, o racismo científico, o racismo cultural ou a exotização de práticas ex-pré-pós-contra-modernas.

Impossível ler hoje *Um místico brasileiro* como alguém de língua inglesa o teria lido em 1920. Como ler hoje esta narrativa que não deixa de fascinar? Ou melhor dizendo, como pensar o fato de que o relato de Canudos não perdeu sua capacidade de interrogar-nos, de envolver-nos mais uma vez na aventura de Antônio Conselheiro e seus devotos camponeses e cangaceiros? Como saber por que um belo dia no ano de 1886, ao decidir assentar-se na abandonada fazenda às margens do Vaza-Barris e viver sua miséria em paz, embarcariam sem querer e sem saber em um dos mais terríveis episódios da história humana? Em que sentido se relaciona a cega história dessa guerra com o mesmo fechar de olhos que nos empurra para os holocaustos? Onde estão as perguntas e respostas que propõem os fatos de Canudos? Na violenta história da conquista do Brasil, como aponta Darcy Ribeiro em sua *Teoria do Brasil* (1975)? Ou, como propõe Cunninghame Graham, aceitamos hoje que as perguntas e respostas vão ainda pela via de pensar a história em termos raciais? Ou se trata, como queria Vargas Llosa, de uma reemergência das crenças fanáticas de todos os tempos?

Não há dúvida de que a releitura de *Um místico brasileiro* faz evidente quão forte foi e continua sendo o discurso racial como linha explicativa do acontecer social e histórico. Cunninghame Graham encadeia o poder explicativo de seu livro inteiro em um corolário de quatro partes: 1) as raças existem e estabelecem diferenças valorativas inquestionáveis (toda raça pura é além de tudo superior a toda mistura); 2) no sertão deu-se um **excessivo** cruzamento de raças; 3) isso produziu uma "raça à parte" ("a race apart"), ou seja algo que excede a linha classificatória e explicativa; 4) esse excesso por sua vez abriu passagem para uma mistura inusitada de características físicas e psicológicas, as quais constituem em si o fundamento das condutas e crenças dos sertanejos. Só assim se explica sua obstinada busca de autodeterminação, sua capacidade de criação social, a inteligente resistência militar e sua esperança (e contraditória) crença no fim do mundo.

Um malfadado cruzamento, assegura-nos Cunninghame Graham, entre a melancolia dos portugueses, povo desde já cruzado com árabes e africanos, produziu um "tipo de mente altamente receptiva às obsessões religiosas [...] um tipo físico e moral" (p. 46). Em uma só oração o escritor inglês entrega o retrato do sertanejo que Vargas Llosa distribui entre dezenas de personagens. Trata-se de compreender e imaginar uma raça de centauros... Esta zoomorfização foi necessária para sobreviver na hostil caatinga e legou-lhes biologicamente como caráter "profundamente impregnados de fanatismo, fortes, honestos, vingativos, primitivos, e extraordinariamente avessos à vida e às idéias modernas" (p. 37-38). Isso fez com que os sertanejos não se tornassem fanáticos mas que, devido ao cruzamento racial, tenham nascido assim. Estamos pois diante de um fenômeno genético e não histórico.

Porém, Cunninghame Graham parece consciente de que a explicação que o racismo científico oferece não basta para explicar as crenças religiosas fundamentalmente cristãs do Beato, de Antônio Conselheiro e muitos de quantos os seguiram a Canudos. O viajante muda de engrenagem e tenta aqui o método comparativo cultural da etnografia. Propõe que o fanatismo é uma característica das culturas de fronteira. Aqueles que, como os beduínos, os mamalucos, os índios norte-americanos e os *gauchos* argentinos, povo que vive a cavalo, povo ferozmente independente, nômade, tendem ao fanatismo. Mas Antônio Conselheiro, o homem cujos sermões ativam uma formação ideológica viva, não foi homem a cavalo. Foi mais filho de um vendeiro, homem sedentário, homem de povoado. E foi, para complicar mais as coisas, seminarista. Faz-se pois necessário buscar outra raiz profunda que dê razão da "loucura" geral que se apodera do sertão. Não basta dizer que o Conselheiro era caboclo, é necessário também, em vista de seus sermões e condutas ascéticas, dizer que era um místico. Ambas configurações deixam o Conselheiro fora do campo da razão e da modernidade, embora pelo ramo místico continue vinculado ao Cristianismo e siga assim criando problemas às linhas classificatórias.

A clara e inegável vinculação ao Cristianismo impede que o fenômeno de Canudos seja de fácil disposição, seja pelo caminho racial ou pelo da loucura. Canudos revela-se resistente à expulsão absoluta da civilização, já que se constitui na pregação de um Cristianismo que precisamente por arcaico oferece prova inconfundível de seu acervo. Não se trata pois de cultos africanos nem muito menos de "superstições" ou idolatrias de origem ameríndia. A pregação do Conselheiro, a visão que funda o fenômeno da "rebeldia" de Canudos é nada menos que o milenarismo português e a elaboração católica de um fim do mundo prévio e necessário à segunda vinda do Salvador. Somente o fim dos tempos seculares, da peregrinação pelo caminho errado, poderia pôr fim ao sofrimento humano e operar o milagre de inaugurar ordem justa.

Para explicar a incrível possibilidade de que alguém "hoje em dia" pudesse crer em semelhante idéia, Cunninghame Graham lança mão de uma combinação insólita na história: índios imbuídos de um Cristianismo gnóstico. Ou seja, os índios brasileiros a partir de sua cultura não teriam concebido jamais o conjunto de crenças que anima os seguidores do Conselheiro e os remanescentes do milenarismo sebastianista, que em si também não teriam podido dar fruto tão exótico e exorbitante. É o arraigamento do catolicismo português – não do espanhol que nunca deu movimentos místicos – nos tupis, o que no fim produz o Conselheiro (caboclo), ou melhor dizendo, essa é a hipótese com a qual Cunninghame Graham explica o fenômeno cultural do qual dá conta em *Um místico brasileiro*.

Para Graham, Canudos não teria ocorrido se os jesuítas tivessem podido terminar no Brasil seu trabalho evangelizador, o qual aproveitava tanto os terríveis defeitos como as excelentes qualidades do povo tupinambá. Desgraçadamente, para o viajante inglês, abandonados da tutela dos jesuítas, as práticas de vida na caatinga em combinação potenciada com a personalidade do tupi cederam à torsão fatal do fanatismo. Por "natureza" os tupis são duros e desconfiados, ferozes e ávidos por sangue (p. 59). A dureza e crueldade da conquista fê-los impenetráveis e de alguma forma preparou-os para sobreviver a tudo, inclusive aos ataques do exército em Canudos. "Nenhuma raça em todo o mundo é tão impenetrável como o índio, na reserva com que se arma contra os males da fortuna, luta contra a tirania ou resiste à opressão, por assim dizer, suportando tudo sem reclamar. Tal raça de homens, reservados, desconfiados, hospitaleiros, vingativos, bravos, cruéis e duros, taciturnos no falar, e pacientes quase nos limites da paciência humana, era quase certa de se impregnar de uma forte fé religiosa" (p. 58-59).

Nessa caracterização, baseada em uma série de adjetivos, Cunninghame Graham dá um salto necessário para seu argumento mas injustificável em relação aos fatos e suposições que o mesmo expõe. Não existe argumento possível com o qual possa avalizar a idéia de que as características que atribui aos tupis constituam condição para a aparição de uma grande fé religiosa, leia-se irracional. E mais, com essa figura consegue sintetizar não só a história do Brasil, como um processo surpreendente de misturas raciais, mas também, como Euclides da Cunha e outros, propõe uma teoria da história em que o histórico é o racial. Atendo-se a essa teoria da his-tória, toda mudança é tão somente uma expressão do mesmo: para as raças puras – a branca –, a mudança é uma expressão dentro da linha do progresso; para as raças misturadas, a mudança será a expressão atávica do mesmo, do arcaico.

É assim que Graham remonta a Montano, ao movimento gnóstico no alvorecer da cristandade. Ali, e pelas leituras da história do Cristianismo de Renan, encontra antecedentes ao errado pensamento religioso do Conselheiro. O caboclo, amedrontado na caatinga, repete. Apodera-se dele um retorno inesperado de um momento já superado na história. Se o Conselheiro é um caboclo, um caboclo místico, então somente pode sê-lo inconscientemente. Fala e age sem saber na realidade de que trata o que diz, o que significa aquilo a que aspira. É pois um "gnóstico inconsciente". "Um montanista inconsciente, ou talvez um carpocrácio preservado milagrosamente, tal como um mamute é encontrado às vezes preservado no gelo" (p. 101), e é, portanto, duplamente perigoso. Antônio Conselheiro e seus seguidores não têm saberes próprios, inexorável e inconscientemente reanimam uma fé já derrotada pela história. Não sabem o que pensam nem o que querem, nem muito menos do que têm saudades. Deixam-se levar pela pregação melosa, vaga, embora freqüentemente inspirada na fúria acumulada por centúrias de opressão, do carismático Antônio. Privados de autoconsciência, podem girar em qualquer direção. Assim como hoje são piedosos e ascéticos, amanhã podem dar-se às orgias e à violência. Com esse discorrer de Graham, chegamos à face oposta da caracterização que antes ofereceu do índio-caboclo, o tipo taciturno, consistente, capaz de resistir à tirania sem queixar-se, o indivíduo que havia **aprendido** a sobreviver sob o regime de opressão colonial.

Apesar de que essa construção do caboclo como ser inconsciente contradiz abertamente sua capacidade de domínio da caatinga baseada em conhecimentos muito específicos, o olhar imperial que busca compreender os esplêndidos guerreiros de Canudos permanece articulado ou, melhor dizendo, ofuscado pela racialização de seu raciocínio a partir do qual interpreta os atos e intenções que se entrelaçam para dar passagem aos eventos de Canudos. *Um místico brasileiro* conta a versão curta do acontecer em Canudos. Suas melhores páginas para o leitor contemporâneo são talvez as que narram a guerra. Graham aprecia com especial sensibilidade a inteligência tática dos jagunços. Critica e lamenta abertamente a incapacidade militar dos lutadores com os quais se identificou. Teria querido narrar uma história em que os comandantes do exército tivessem cometido menos erros e os jagunços no final tivessem sido derrotados pela guerra e não pela última remessa de alimentos que permitiu que o imenso exército avassalasse os habitantes de Canudos em uma carnificina sem trégua.

Hoje temos à mão os três grandes relatos sobre Canudos – Euclides da Cunha, Cunninghame Graham e Vargas LLosa. Existem porém separados entre si por várias gerações. Surpreendentemente oferecem a mesma explicação: um atavismo reflorescido, um erro da natureza, um erro da história. Nos três relatos, o discurso que produz a racialização das populações do mundo converte-se, paradoxalmente, por um lado em explicação e por outro em obstáculo para o conhecimento que o relato busca. A história compreendida como um linear e unidimensional tempo cristão que sempre se move em direção ao progresso, mas que nesse caso esqueceu seu próprio curso ao passar por Canudos, não pode dar conta cabal do sucedido: a destruição de 30 mil almas.

A diferença entre os ensaios e o romance é que o romance desenvolve uma dimensão a mais: o universo afetivo. Assim, embora os seguidores do Conselheiro pareçam inconscientes de seu próprio pensar e querer, sabem de amor, refletem sobre sua angústia e aprendem a agir em solidariedade. No romance, as classes e raças personificam-se. Aparecem personagens que vivem seus dias sobre essa terra com toda intensidade. Pajeú, o jornalista míope, a baronesa, Rufino e os jagunços passam a habitar a lembrança do leitor. Infunde a narrativa de *Os Sertões* e de *Um místico brasileiro* a trama romanesca do ir-e-vir dos habitantes de Canudos. A paixão pelo poder na Bahia empresta aos sucessos de Canudos se não justificação, plausibilidade. O romance não exotiza o Conselheiro menos que o ensaio do viajante inglês, mas ao elaborar a dimensão afetiva e fazer dos nomes personagens, converte os estranhos sucessos de Canudos em parte inesquecível da história universal, como diz Borges, parte da história universal da infâmia.

Outubro de 2002.
Johns Hopkins University,
Baltimore, EUA

PREFÁCIO À EDIÇÃO URUGUAIA

por Pablo Rocca

Este livro conta (ou melhor, reconta) um dos espisódios populares mais fascinantes e trágicos da América Latina. Trata de uma história que sacudiu o Brasil a fins do século XIX, a de Antônio Mendes Maciel, o Conselheiro, e uma multidão que se imolou com ele. Sabe-se: mistura de beato, iluminado e caudilho de uma sociedade semiprimitiva, o Conselheiro foi um possuído que enfeitiçou milhares de deserdados, milhares de pessoas asfixiadas pelo latifúndio sem outro destino que a fome, o saque ou o bandoleirismo, sem outra alternativa espiritual que a crença em profetas presos a uma interpretação *sui generis* do Cristianismo, de seus ícones e sua simbologia. A sua maneira, esse homem austero, de longas barbas e semblante pálido, foi um líder social e político dessa amorfa massa. Pôs-se a sua frente e desafiou o poder central negando-se a pagar impostos porque emanavam de um novo regime (o republicano) que, segundo entendeu, tinha abandonado o caminho da fé em Deus. Um conflito aparentemente tão insignificante desencadeia a formação de uma comunidade que se assenta em Canudos e, orienta-da pelo Conselheiro, enfrenta violentamente sucessivas expedições punitivas do Estado. Até que tudo é convertido em cinzas.

Uma história assim não podia não seduzir o europeu acrioulado que foi Robert B. Cunninghame Graham (Londres, 1852 – Buenos Aires, 1936). A rigor, parecia predestinado para contá-la, como ele faz dizer seu amigo no prólogo de *Um místico brasileiro*, livro publicado pela primeira vez em Nova York pela Dial Press em 1920. Quase adolescente, esse filho de pai escocês e mãe nascida venezuelana começou seus périplos americanos, sobretudo pela Argentina, Uruguai e sua fronteira com o Brasil, e também pelo Paraguai. Viveu em cada um desses lugares em diferentes momentos entre 1870 e 1878. Voltou então para a Escócia e depois viajou incessantemente pela Europa, México, Estados Unidos (em particular pelo Texas, onde se encontrou com Buffalo Bill); mais tarde, andou por Marrocos, África do Sul, Ceilão, Venezuela e Colômbia. Na última visita desse andarilho à cidade de Buenos Aires, de certa forma um centro de suas operações americanas, a morte o encontrou. Não conheceu tão a fundo o Brasil, como sim conheceu a Argentina e o Uruguai. Em todo caso, moveu-se pelo Rio Grande do Sul com comodidade em duas oportunidades, bem distantes uma da outra (1876 e 1914). Uma parte significativa de sua vasta obra localiza-se no cenário americano: tanto seus trabalhos de divulgação histórica como também suas narrações, estas últimas de ambientação mais especificamente rio-platense.[1]

Tudo indica que Cunninghame Graham concebeu *Um místico brasileiro* na viagem de 1914, que tinha como meta o Rio da Prata. Embora os dados conhecidos por seus biógrafos sejam muito escassos e fragmentários, parece claro que o livro foi um "produto de informações obtidas em sua passagem pelo Brasil";[2] que conheceu a história por intermédio de algum testemunho; que pesquisou depois em umas poucas fontes bibliográficas mas não chegou a conhecer, nem à distância, o cenário dos fatos, como – sem nenhum fundamento – sugere Alicia Jurado.[3] Resultado certo da inesgotável avidez pelo trá-

1 Obras de Cunninghame Graham: *Notes on the District of Mentheith*, 1895; *Father Archangel of Scotland*, 1896; *Mogreb-el-Acksa*, 1898; *The Ipané*, 1899; *Thirteen Stories*, 1900; *A Vanished Arcadia*, 1901; *Success*, 1902; *Hernando de Soto*, 1903; *Progress*, 1905; *His People*, 1906; *Faith*, 1909; *Hope*, 1910; *Charity*, 1912; *A Hatchment*, 1913; *Scottish Stories*, 1914; *Bernal Díaz del Castillo*, 1915; *Brought Forward*, 1916; *Cartagena and the Banks of thje Sinú*, 1921; *The Conquest of New Granada*, 1922; *The Conquest of the River Plate*, 1924; *Doughty Deeds*, 1925; *Pedro de Valdivia*, 1926; *Redeemed*, 1927; *José Antonio Páez*, 1929; *The Horses of Conquest*, 1930; *Writ in Sand*, 1932; *Portrait of a Dictator*, 1933; *Mirages*, 1936.

2 Max Henríquez Ureña, "Cunninghame Graham", em *Nosotros*, Buenos Aires, ano I, nº 4, julho de 1936, p. 367.

3 Alicia Jurado, *El escocés errante. Vida de R. B. Cunninghame Graham*, Buenos Aires, Emecé, 2001, p. 177-178. (1ª ed.: 1978).

gico-aventureiro, sua curiosidade deve ter aumentado ante o estímulo de Theodore Roosevelt, segundo diz o próprio escritor-viajante no prólogo ao volume, e como volta a documentá-lo o atento e sério A. F. Tschiffely.[4] Seja como for, *Um místico brasileiro* foi publicado em 1920, há pouco mais de duas décadas de ocorrido esse terrível capítulo da vida americana, quando ninguém na Europa se interessava por ele.

A principal fonte para esse projeto – embora não a única – foi, sem dúvida, *Os Sertões* (1902), de Euclides da Cunha (1866-1906),[5] a quem Cunninghame qualifica como "a maior autoridade sobre os acontecimentos que ocorreram ali e sobre a vida e a carreira de Antônio Conselheiro" (p. 112). Sabe-se que esse grande livro excede os limites do puramente ficcional. Antes de mais nada, *Os Sertões* representa um exercício de contínua mutação de escritura e, ao mesmo tempo, uma espécie de autoconversão sucessiva de Euclides da Cunha, que se conduz pelo texto da certeza ao assombro, da segurança à vacilação. O autor-narrador partiu da capital do estado da Bahia como jornalista para cobrir os acontecimentos na distante Canudos, com a convicção republicana radical de que essa gente do sertão estava ligada aos interesses mais retrógrados. E ao final de sua viagem, coincidente com o final da empresa militar que aniquila os insurretos, Euclides chega à conclusão de que "aquela campanha [...] foi, na significação integral da palavra, um crime",[6] um crime que era necessário denunciar. Seu

---

4 A. F. Tschiffely, *Don Roberto. Vida y obra de R. B. Cunninghame Graham, 1852-1936*, Buenos Aires, Ed. Guillermo Kraft Ltda, 1946, p. 318-319.

5 Euclides Rodrigues Pimenta da Cunha nasceu no estado do Rio de Janeiro em 1866 e morreu na capital desse estado em 1906. Ingressou na Escola Militar em 1886, de onde foi expulso dois anos depois por sua firme oposição ao regime monárquico. Estudou engenharia e, em 1890, quando já havia sido proclamada a República (1889), foi reincorporado ao Exército, mas voltou a afastar-se seis anos mais tarde. A 7 de março de 1897, sai a primeira expedição militar rumo a Canudos (Bahia) para reprimir o Conselheiro e sua gente. A princípio, Euclides confia na interpretação oficial do governo de Floriano Peixoto, quanto ao fato de que o Conselheiro é o líder de uma insurreição monárquica contra a República. A 4 de agosto desse ano, o jornal *O Estado de S. Paulo* envia-o como correspondente a Canudos. Em outubro, aparecem seus primeiros artigos que constituirão, posteriormente, a base para a escritura de *Os Sertões*. Esses textos foram compilados postumamente sob o título *Canudos. Diário de uma expedição* (1939).

6 Esta e as demais citações de *Os Sertões*, de Euclides da Cunha, são tomadas da monumental edição de Leopoldo M. Bernucci: São Paulo, Ateliê Editorial/Imprensa Oficial do Estado/ Arquivo do Estado, 2002.

texto é uma viagem ao contrário para melhor desentranhar a causalidade dessa violência e para perguntar-se, em suma, sobre as possibilidades de suas ulterioridades. Esse grande esforço para compreender algo quase incompreensível para um "civilizado" é o que faz de *Os Sertões* um texto liberado de preconceitos e esquemas, até dos mais inteligentes e elaborados – como os de Sarmiento em *Facundo* –, e por isso tornou-se uma obra capital para a literatura latino-americana no fio de dois séculos. Um processo similar no plano ideológico ao que atravessa Richard Lamb – máscara, no ponto, de seu criador, William H. Hudson – em *The Purple Land* (1885), o romance sobre a Banda Oriental que tanto entusiasmou Borges.

Como seu amigo e mestre Hudson, mas diferentemente de Euclides, Cunninghame Graham pensou seu relato para outros leitores "civilizados": os europeus, concretamente os britânicos – ou, se se quer, os anglo-saxões –, a quem se explica que estes fatos exóticos ocorreram nos estados de Pernambuco e Bahia, regiões desconhecidas "suponho, para noventa e nove por cento dos homens instruídos" (p. 32). O autor aproveita a ocasião para capitalizar seus conhecimentos empíricos e teóricos sobre o *gaucho*, sujeito não menos raro para um receptor inglês; quase como à margem, também, em uma clara linha racionalista e desafiante da religiosidade, apela aos conhecimentos desses receptores quando compara determinadas práticas comunitárias dos habitantes de Canudos com os mórmons dos Estados Unidos. Há um alto índice de didatismo na organizada exposição dos dias de Antônio Mendes Maciel, sua transformação no Conselheiro, a pintura do variopinto quadro humano que o segue cegamente e das forças que se opõem a ele. Porém, essa determinação não macula a elegância de sua prosa.[7] O texto do britânico não é somente uma biografia do estranho profeta nem um ensaio sobre o fenômeno global (geográfi-

7 A primeira tradução ao castelhano, até agora a única, de *Um místico brasileiro*, é de Eleonora Basso e foi publicada por Ediciones de la Banda Oriental em sua coleção "Lectores" em 2001, a instâncias de seu editor Heber Raviolo. Uma primeira versão deste prólogo apareceu nesse volume. Até agora, *Um místico brasileiro* nunca tinha sido traduzido ao português.

co, etnográfico, antropológico) que o torna possível, por mais que não evite esse caminho já percorrido magistralmente por Euclides. Mais que em seu precedente *Os Sertões*, em alguns momentos, *Um místico brasileiro* apura o tom romanesco, em certo grau poderia-se dizer que o escritor inglês ocupa os vazios ou os interstícios narrativos deixados pelo brasileiro. Assim, a crônica de acontecimentos, com suas correspondentes bases documentais, é ultrapassada por descrições que importam em si mesmas; o relato contém passagens de alento épico e personagens vívidos, uns e outros elevados acima da mera intenção de notificar o ocorrido. Por exemplo, todo o livro delineia, traço a traço, o retrato físico de Antônio Conselheiro, aproxima-se e se afasta de seu mundo interior, conservando o enigma de uma identidade complexa que nunca é definida taxativamente; mas há também outros personagens fascinantes como Pajeú, lugar-tenente do profeta, ou o atribulado coronel Tamarindo, cuja cabeça termina cravada em uma estaca à beira do caminho que leva à Sion do interior brasileiro.

Ao encerrar-se o século XX, como explicou Ángel Rama, consolida-se um modelo político longamente planejado. A literatura justifica o "Ordem e Progresso que leva adiante o Poder", a escritura impõe-se contra os foros da oralidade, cancelando "o processo produtivo desta e o fixa sob as formas de produção urbana", a "modernização capitaneada pelas cidades" mostra-se a nu, com todo um peso que pode desembocar em brutalidade.[8] Como ninguém, Euclides da Cunha exemplifica essa proposta. Tenta apropriar-se dos fatos estranhos que lhe cabe viver, que comovem até os cimentos da sociedade brasileira finissecular e terminam por transformar a própria testemunha-relator. Anima-o a defesa dos sem voz, porque são pobres, porque são tão diferentes do povo das cidades e, sobretudo, porque sob a invocação da Lei foram exterminados do planeta. Mas sempre fala a partir da convicção do intelectual que crê na letra como edificadora da verdade,

8 Ángel Rama, *La ciudad letrada*, Montevidéu, Arca/ Fundación Ángel Rama, 1984, p. 25 e 100.

e por isso opta pelo discurso da ciência na primeira e extensa parte do livro.

Do ponto de vista do processo, o livro de Cunninghame Graham se comporta de idêntica forma. Também se abre com uma introdução determinista sobre as características da paisagem física e natural enquanto condicionantes dos tipos humanos que nela habitam. Contudo, diferentemente de seu antecessor, Cunninghame centra essa história na peripécia do Conselheiro, enquanto aquele prefere contar os fatos políticos, os movimentos militares para, por fim, culminar no perfil dos habitantes de Canudos e de seu guia.

No começo dos anos 80, Mario Vargas Llosa recria a tragédia de Canudos em seu romance *La guerra del fin del mundo* (Madri, Seix Barral, 1981). Novamente, o ponto de partida foi o livro de Euclides. É quase certo que o escritor peruano *não* conhecia o texto de Cunninghame Graham, o que vem provar a existência de uma verdadeira série sobre Canudos, convertendo-se em um elo intermediário, que Vargas Llosa não menciona, pelo menos, em nenhuma das numerosas declarações e artigos que conhecemos. Tanto Euclides como Vargas Llosa têm 44 anos quando escrevem sobre Canudos. Os dois "estudaram em escolas militares, ambos as abandonaram sem continuar essa carreira, ambos escreveram com visão ampla sobre seus respectivos países, Brasil e Peru, e ante a iconoclastia com que observavam o militarismo, o exército chegou a sentir-se ofendido e a reclamar. Ambos exerceram o jornalismo. E ambos coincidem em seu fascínio diante do tema da rebelião popular [...]".[9] Para além dessas coincidências relevantes, há diferenças enormes: Euclides é um homem do século XIX, um positivista de firmes convicções liberais no momento em que está nascendo o novo Brasil republicano. Vargas Llosa, ao contrário, vem de uma longa adesão ao marxismo e a fins dos anos setenta caminha para as idéias ultra-liberais no momento em que quase toda a América Latina vive com patetismo a experiên-

9 Jorge Ruffinelli, "Dios y el diablo en la tierra del sol", em *La escritura invisible*, México, Universidad Veracruzana, 1988, p. 99.

cia da ingerência norte-americana mas, sobretudo, das ferozes ditaduras militares.

Euclides, testemunha e ator de Canudos, considera a rebelião como uma forma de expressão retrógrada, de "estigmas atávicos" – diz – alentados nas peculiaridades da região sertaneja.[10] Mas afronta depois com lucidez o antagonismo república/ monarquia, extrapolação letrada em um terreno no qual esses termos não tinham a menor (ou a mesma) circulação. Nesse ponto culminante, Vargas Llosa parte de pressupostos parecidos com os de Euclides da Cunha. Em seu romance, a reação contra os rebeldes do sertão produz-se por idênticos móveis modernizadores – com uma intervenção mais ativa dos interesses latifundiários – e, sobretudo, pelo que chama em várias ocasiões "o mal-entendido da história".[11] Se o escritor peruano coincide com Euclides a respeito do ilusório (e tragicamente real) antagonismo entre monarquia e república, é porque o Vargas Llosa de 1980 apresenta-se refratário às propostas dicotômicas. Não obstante, diferem muito na leitura do outro fator decisivo: a religiosidade popular. Para o escritor brasileiro, a inferioridade dos camponeses auspicia

---

10 Suas idéias naturalistas e racistas levam-no a conclusões como esta: "O sertanejo é, antes de tudo, um forte. Não tem o raquitismo exaustivo dos mestiços neurastênicos do litoral. [...] É desgracioso, desengonçado, torto. Hércules-Quasímodo, reflete no aspecto a fealdade típica dos fracos". Ou também: "O homem dos Sertões [...] mais do que qualquer outro está em função imediata da terra. É uma variável dependente no jogar dos elementos".

11 O problema do papel da História na convivência humana tem intersecção com as idéias de Albert Camus e com o descobrimento de Vargas Llosa dos acontecimentos de Canudos e seus móveis ideológicos. Depois de publicado seu romance, o narrador divulgou outro artigo sobre Antônio Conselheiro, no qual fixou sua posição sobre o beato agitador de Canudos e as razões pelas quais as massas sertanejas sentiram-se representadas por esse homem esquisito: "O êxito da pregação do Conselheiro deveu-se, seguramente, ao fato de que ele tornou virtudes, extremando-as, realidades que a necessidade do povo que o ouvia havia imposto. Essas vidas precárias, eternamente ameaçadas pela seca e os bandidos, as quais a fome, a doença e a violência dizimavam, que conviviam com a catástrofe, estavam predispostas a admitir a proximidade do Apocalipse e a acreditar que a vida – a história – era uma simples ante-sala desta vida melhor e mais verdadeira: a morte. [...] O Conselheiro converteu a maldição em bendição. Como havia dignificado a morte, dignificou a pobreza. Ele, que não poderia dar pão a seus ouvintes, soube dar sentido e valor à fome que padeciam. [...] A missão do Conselheiro foi essencialmente espiritual. [...] Por outra parte, o Conselheiro pratica a moral que prega. [...] Não é estranho que, diante da possibilidade de escolher, os sertanejos decidam que ele era o porta-voz de Deus antes que muitos párocos de ética menos inflexível". Em La Semana, Suplemento de *El Día*, Montevidéu, 18 de setembro de 1982.

todas "as crenças ingênuas, do fetichismo bárbaro às aberrações católicas, todas as tendências impulsivas das raças inferiores, livremente exercitadas na indisciplina da vida sertaneja, se condensaram em seu misticismo feroz e extravagante".[12] Seja como for, Euclides da Cunha concluirá chamando os sertanejos "camponeses heróicos", agentes de um "heroísmo inútil", mas de qualquer forma representantes de uma "nacionalidade profunda". Por sua vez, Vargas Llosa observa com misericórdia e suspeita o fanatismo do Conselheiro e com horror os positivistas que impõem ao Brasil profundo a religião da razão e da ciência, atitudes que personifica no presidente Floriano Peixoto e no coronel Moreira César.

Antes, muito antes, o forte nó que entreverou a racionalidade dirigista da cidade letrada com o misticismo das massas analfabetas tinha sido desatado por Cunninghame Graham. Sem apear de sua mentalidade ilustrada e racionalista, o inglês acrioulado compreende que esse fanatismo religioso, que Euclides rangeu e Vargas Llosa alarmou, é um fator central na psicologia dos povos latino-americanos. E por isso devem ser respeitados, embora não se assome à possibilidade de equipará-los aos "homens instruídos". Por outra parte, a partir de outra ideologia e com outra linguagem, dá um passo a mais que Euclides e percebe – seis décadas antes que Vargas Llosa – a radical impossibilidade de diálogo entre as duas culturas:

> [O Conselheiro] não podia ter senão uma vaga idéia de uma república [...] sua revolta concernia inteiramente a assuntos espirituais. Na realidade, os sertanejos não tinham maior afeto pelo Imperador do que pelo Presidente, nem entendiam os princípios de um ou outro governo. Tudo o que queriam era que os

12 Nesse ponto, a comunhão com o pensamento de Sarmiento, a quem tanto admirava, é total. Segundo Sarmiento, "a religião, nas campanhas pastoris, [está reduzida] à religião natural; o cristianismo existe [...] em uma espécie de tradição que se perpetua, mas corrompido, encarnado em superstições grosseiras, sem instrução, sem culto e sem convicções". Em D.F. Sarmiento, *Facundo o Civilización y Barbarie*, Caracas, Biblioteca Ayacucho, 1977, p. 32.

> deixassem viver suas vidas a sua maneira, cuidando de seu gado, escutando sermões, cantando intermináveis hinos [...]. (p. 128)

O "discurso religioso arcaico" do Conselheiro – advertiu Ángel Rama – "era o único de que dispunham [os sertanejos] como parte central de sua dotação intelectual conservadora".[13] Isso, Cunninghame Graham já sabia.

Universidad de la República,
Montevidéu, Uruguai

13 Ángel Rama, "*La guerra del fin del mundo*, una obra maestra del fanatismo artístico", em *La crítica de la cultura en América Latina*, Barcelona, Biblioteca Ayacucho, 1985, p. 352.

Adeus, campo, e adeus mato
Adeus, casa onde morei!
Já que é forçoso partir
Algum dia te verei!

Quadra brasileira

Para meu valioso amigo
DOM JOSÉ MARÍA BRACERAS

PREFÁCIO*

por R. B. Cunninghame Graham

Há vários anos, o falecido coronel Roosevelt, então Presidente, depois de ter lido alguns contos meus sobre os *gauchos*, escreveu-me uma carta. Nela dizia: "O que o senhor e Hudson fizeram para a América do Sul, muitos fizeram para nossos homens da fronteira do Texas, Arizona e Novo México. Outros escreveram sobre os mexicanos da fronteira e o fizeram bem. Nenhum, que eu saiba – dizia –, tocou o tema dos homens da fronteira do Brasil. Por que o senhor não o faz, pois esteve ali, conhece-os e fala seu dialeto? O campo está aberto para o senhor".

Eu me senti agradado, como corresponde, e dei muitas voltas ao assunto em minha cabeça; depois esqueci completamente. Coisas de importância, como sair para jantar e preocupar-se em chegar não muito cedo nem muito tarde, mas exatamente para cair na porta no momento correto – ou seja dois ou três minutos antes das oito –, interpuseram-se entre os brasileiros da fronteira e minha memória, como costuma ocorrer em uma sociedade civilizada. Passaram-se os

* Realizamos, em toda a obra, a atualização ortográfica dos vocábulos, especialmente dos nomes próprios, e corrigimos algumas imprecisões pautando-nos pela edição de *Os Sertões* preparada por Leopoldo M. Bernucci: São Paulo, Ateliê Editorial/Imprensa Oficial do Estado, Arquivo do Estado, 2002.
Embora Graham utilize citações entre aspas, identificadas em notas, elas não correspondem exatamente a passagens d'*Os Sertões*. Por isso, optamos por traduzi-las e não por transcrevê-las da edição mencionada. O autor consultou a edição publicada no Rio de Janeiro, em 1917 – cf. nota 31, p. 59 –, à qual correspondem as páginas citadas ao longo do livro. (N. T.)

anos – cada um deles deixando ao próximo constância de sua passagem – em inacusáveis empenhos, tal como descrevi.

Depois veio a guerra e, durante minha viagem ao Uruguai, encontrei-me uma manhã entrando no porto da Bahia, na costa brasileira. O mar estava oleoso. Os "barcos de guerra portugueses" içavam suas frágeis velas e, quando a nave diminuía a velocidade e passava o velho forte em ruínas, à entrada da baía, com um grupo de coqueiros ao fundo semelhantes a pena de avestruz, levantava multidão de peixes voadores que deslizavam fugazes sobre a superfície das ondas como uma revoada de andorinhas cruzando um campo.

A cidade de telhados vermelhos, com seus campanários e conventos, suas velhas e altas casas, as da parte baixa chegando quase até as fundações das situadas sobre os desfiladeiros, estendia-se em uma gigantesca projeção cinematográfica, por assim dizer, quando o barco entrava na baía. Oito ou dez barcos alemães permaneciam aportados e confinados, queimando ao sol. Frotas de curiosos catamarães, chamados jangadas no Brasil, formavam-se no mar. Seus ocupantes estavam sentados em banquinhos sobre os três troncos que constituem a embarcação, com os pés quase rentes à água, enquanto a ponta branca das pequenas velas fazia que as jangadas parecessem imitações de náutilos.

Miríades de ilhas salpicavam a superfície da vasta enseada, com suas casas celestes e rosadas, ou de um amarelo pálido. Tão linda era a cena do convés do navio que parecia ter-se chegado a uma terra tão cheia de paz que era totalmente impossível que nela existisse perversidade ou malícia, ódio ou inveja, ou qualquer dos vícios ou crimes que afligem a humanidade. Compreendia-se o sentimento dos apóstolos quando desejavam edificar seus tabernáculos; somente a dificuldade de encontrar um Elias ou um Moisés para quem valesse a pena edificar uma cabana refreava-os de escolher sem demora uma terra e começar a construir.

Estava ainda em plena contemplação quando uma voz a meu lado quebrou o encantamento, fazendo-me voltar à realidade, ou à ilusão de realidade a que enganosamente chamamos vida.

"Amigo senhor Roberto – disse a voz – as coisas que aconteceram na Bahia! E não faz muito tempo. A duzentas milhas escassas de onde estamos, teve lugar o levante de Antônio Conselheiro, o último dos gnósticos, que desafiou todas as forças do Brasil durante um ano, ou algo assim, e finalmente foi morto com todos seus seguidores. O episódio ocorreu não há mais de vinte e cinco anos; o senhor tem que ler e depois escrever sobre ele, porque foi feito pela providência a propósito para o senhor e é bem digno de sua pena".

Virei-me e vi a meu lado meu amigo Braceras, vestido com um traje de brim branco imaculado. Usava um chapéu de palha que deve ter-lhe custado pelo menos cem dólares. Seus pés pequenos e bem-arqueados, calçados em flamejantes sapatos de pele de alce, mostravam que era um genuíno espanhol de Castilla la Vieja, exatamente no limite com Vizcaya, onde a raça é o mais puro do puro. Tinha os modos desenvoltos e a completa arrogância de estar voltado para si mesmo que fazem que um homem se iguale a um rei e esteja tão à vontade com pescadores, com tropeiros e qualquer outra espécie de homens, como se fosse um deles. Suas mãos eram nervosas e seu cabelo negro azulado estava começando a esbranquiçar-se, enquanto seus olhos negros, suas sombrancelhas muito cheias e seu rosto com um barbeado rente lhe davam o aspecto de um eclesiástico, embora não do tipo dos que reduzem sua função a rezar missa e jantar, como diz o velho adágio. O nome de Antônio Conselheiro eu conhecia apenas vagamente, embora soubesse que os movimentos religiosos tinham sido contínuos no Brasil desde o descobrimento. Escutei a história e, quando desembarcamos na capital, comprei livros sobre ela, comprei mais em Santos e, quando lia e refletia sobre o relatado, a carta do presidente voltou a minha memória.

Os fatos ocorreram todos na região agreste conhecida como o sertão,* que se estende entre o estados de Pernambuco e Bahia, geo-

* O sertão pode ser traduzido como "*highlands*", apesar de não corresponder inteiramente ao sentido da palavra, que infere o que nós chamamos "*backlying*" na Escócia. É um *plateau* alto coberto por mato.
A marca sobre o "a", chamada "til" em português, indica um som nasal quase como se a palavra fosse escrita "sertawn".

graficamente desconhecida, suponho, para noventa e nove por cento dos homens instruídos.

Os seguidores de Antônio Conselheiro eram, quase sem exceção, os que se conhecem como jagunços, um termo inventado para os mais destacados vaqueiros habitantes do sertão, que significa algo que está entre capanga e encrenqueiro, e que pouco a pouco se foi generalizando a todos eles, como ocorre com o termo *gaucho* na Argentina, *guaso* no Chile e *llanero* nas vastas planícies do Orinoco, aplicadas à mesma classe de homens. É verdade que eles não vivem em uma fronteira, exceto a sempre instável barreira entre o mundo velho e o novo, ou aquela que com a mesma constância muda sua posição e seu curso, que separa a vida moderna do medievalismo. Porém, seguramente, estas são fronteiras tão bem-marcadas como as que arbitrariamente separam dois países – na realidade, estão muito melhor definidas. À medida que segui lendo sobre o semignóstico e suas aventuras do espírito, e sobre a venturosa vida que levaram seus seguidores, embora também eles, ou sua maior parte, estivessem profundamente imbuídos de superstição ou de religião – pois quem sabe dizer onde termina uma e começa sua irmã gêmea? –, senti que Braceras tivera razão no que havia dito sobre o tema e o interesse que esse continha.

Suas vidas, no sentido material, eram simples: mas no fundo havia evidência de uma fé de um tipo peculiar, tingida de fanatismo. Sua fé, como sucede freqüentemente, tinha pouca influência em sua vida diária, que passavam a cavalo, ao ar livre, cuidando de seu gado, vestidos de couro.

Enquanto escrevia, olhando escorrer as gotas de umidade nos vidros da janela (porque era outono no norte quando comecei a escrever), costumava perguntar-me se o sol estaria brilhando no Brasil como eu o recordava, pois podia ver lá fora os úmidos feixes de milho sobre os campos, com a chuva caindo sobre eles e sobre os barcos que passavam pelo estreito canal navegável, quando subiam e baixavam lentamente o rio Clyde.

Embora Antônio Conselheiro tivesse pago o preço de sua credulidade ou fé, eu sentia que a vida indomável do sertão seguia como sempre, e que os vaqueiros andavam galopando com a ponta de ferro de seus longos chicotes para a frente, tal como antigamente os homens de Annandale levavam suas mofadas lanças.

Imaginava vê-los saltar à terra de pé, como gatos, quando um cavalo caía com eles, como uma vez, há muito tempo, em Entre-Rios, vi um homem cair de repente e sair correndo ileso, embora seu cavalo tivesse deslocado o pescoço. Uma pena também porque o cavalo, um gateado pequeno, se me lembro bem, era um desses com que se pode arar uma boa parcela, na expressão dos *gauchos*; quanto ao homem, uma infame bronquite acabou com ele; sem cuidar-se dela, morreu em um ou dois meses.

Um livro dessa categoria está destinado a encontrar seu lugar rapidamente em uma velha livraria de rua, para ser vendido com outras pechinchas por um centavo, à maneira dos pardais nas Sagradas Escrituras, pois trata de gente estranha e de uma vida desconhecida e insuspeita para a maioria. Isso não importa, pois aquele que escreve um livro escreve para seu próprio prazer pessoal, e se não o faz assim, seria melhor que se abstivesse de escrever, já que o que não agrada ao escritor da obra, dificilmente pode agradar a qualquer outro.

Se meu relato sobre o místico jagunço está predestinado a apodrecer na rua sob a chuva, que assim seja, já que assim foi disposto; embora encontrasse melhor acomodação, enrugar-se-ia ao sol e se consumiria, como um corpo morto se consome no ar seco do sertão.

Que se consuma ou apodreça, para mim dá no mesmo. Assim como na luta o que mais importa é lutar e o resultado é questão secundária, também a escritura de um livro é o que conta para o escritor, pois com ela teve sua luta.

Se o livro somente a ele satisfaz, ele tem seu público e sua recompensa assegurados, em regiões onde a chuva não pode atingi-lo e onde o sol mais feroz que haja ardido nunca sobre a areia aquece agradavelmente.

Ardoch, 1919

INTRODUÇÃO

O chamado sertão dos estados brasileiros de Pernambuco e Bahia é uma das regiões mais curiosas da América do Sul e também uma das menos conhecidas no exterior.

A vida continua lá da mesma forma que fora nos últimos trezentos anos. As pessoas geralmente estão envolvidas com criação de gado e vivem nos lombos dos cavalos. Vestem-se de couro por causa da densa caatinga; o dia-a-dia é duro e perigoso; a religião ocupa um lugar de destaque em suas mentes.

Os estados da Bahia e de Pernambuco localizam-se na indefinida região do sertão, um *plateau* elevado em torno de dois e três mil pés de altura, atrás de uma cadeia de montanhas ou montes mais ou menos acentuados, cuja distância da costa raramente excede duzentas ou quinhentas milhas. Esse *plateau* tem um clima e uma flora característicos, o primeiro variando entre grandes extremos de calor até um intenso grau de frio, levando em consideração a latitude em que ele se encontra.

A flora basicamente é constituída de árvores e plantas espinhosas, conhecidas no Brasil como "caatinga", uma palavra tupi que significa "arbusto ou cerrado".

A região forma-se gradualmente a partir da costa até o *plateau* do sertão, e o clima, a vegetação e o solo são muito diferentes daqueles das regiões litorâneas.

Todas essas condições, juntamente com o isolamento em que viveu por trezentos anos, deixaram suas marcas na população, tornando-os uma raça à parte – uma raça de centauros, profundamente impregnados de fanatismo, fortes, honestos, vingativos, primitivos, e extraordinariamente avessos à vida e às idéias modernas. Sua existência é centrada, como sempre foi, em torno de seu rebanho, já que o solo do Sertão não é apropriado para a maioria dos cultivos. A natureza árida do solo, os longos períodos de estiagem, a extraordinária diferença de temperatura entre o dia e a noite, tudo leva os sertanejos (*i.e.*, os habitantes do sertão) a serem um povo à parte de todo o resto do mundo. Seus ancestrais, quando deixaram Portugal, tinham acabado de emergir de uma longa luta contra os mouros. Para eles, a religião não era somente uma crença, mas uma marca da raça – um ponto de reunião, um grito de guerra, e um elo unindo-os uns aos outros, de uma maneira difícil de ser entendida pelo homem moderno. Para nós, a religião é uma coisa pessoal; nós a apreendemos de várias formas diferentes, de acordo com o temperamento individual. Alguns, não os de mentes mais brilhantes, encaram-na como um tipo de mistificação por meio da qual suas almas são salvas. Outros, porém, consideram-na como um meio pelo qual a vida é dignificada, os terrores da morte são exorcizados e o mundo, melhorado.

Os portugueses, quando começaram a colonizar o Brasil, acredito eu, olharam para a religião principalmente sob o ponto de vista da nacionalidade. Se você era um legítimo português, branco dos pés à cabeça,* como diz o ditado, você era um cristão. Você não podia ser diferente, uma vez que os judeus e os mouros e outros infiéis eram todos inimigos, tanto da fé verdadeira como de sua terra natal. Apesar de os portugueses possuírem a mesma crença ferrenha dos espanhóis daquele tempo, ainda havia em sua natureza uma veia de um quase misticismo nórdico – uma crença em fadas, espíritos da noite e da montanha, um medo de lobisomem, e uma variedade de sentimentalismos, especialmente observada nos dois estados do norte, em que a força do sangue celta foi predominante. Tanto pela herança quanto pela vida isolada, as pessoas eram assim, especialmente suscetíveis a

* Em inglês: "white on all four sides". (N. T.)

violentos princípios religiosos, e de fato, em matéria de fé, bagagem intelectual e temperamento religioso, não eram muito diferentes de algumas seitas gnósticas da Ásia Menor nos séculos I e II. À maneira das seitas gnósticas, o povo do sertão não conta com nenhuma autoridade central. O pároco, para eles, era Papa, Concílio e Padre da Igreja. Pode haver autoridades maiores ou tão grandes naquelas que eles chamam de "as terras grandes", mas eles as consideram como se encara a morte, como algo terrível e vago, ainda que não iminente.

Esse tipo de povo, por assim dizer, culminou no estado da Bahia, pois foi lá que eles manifestaram suas características mais peculiares. O território é imenso, limitando-se ao norte com as regiões de Sergipe e Pernambuco, ao sul com Porto Seguro e Minas Gerais, a oeste com Pernambuco, a partir do qual o Rio São Francisco os separa, e a leste com o Oceano Atlântico. Fica inteiramente nos trópicos, entre dez e dezesseis graus de latitude sul, e tem entre trezentas e quinhentas milhas de extensão por mais ou menos duzentas a quatrocentas milhas de largura. Tamanha extensão territorial tem dado espaço para os sertanejos formarem um mundo inteiramente próprio.

O Brasil, na época da conquista, foi dividido em capitanias, grandes porções de terra foram dadas a homens denominados "donatários". O primeiro fato da história do Estado da Bahia é o naufrágio de Diogo Álvares Correa, um homem designado para desempenhar um curioso papel na nova terra para onde seu navio foi destinado. Não há certeza quanto à data, exceto em uma passagem em que Herrera, um dos historiadores das Índias, mencionando o naufrágio de dois navios que deixaram San Lucar de Barrameda em setembro de 1534 e foram destruídos na costa brasileira em 1635, diz: "Aqui eles encontraram um português que disse que fazia vinte e cinco anos que estava entre os índios".[1]

Esse português, um certo Diogo Álvares Correa, na época em que foi encontrado, depois de uma longa convivência com os índios, tornou-se um homem notável. Seu nome entre eles era Caramuru, que

1 "Onde hallaron un portuguez que dixo que avia veyente y cinco años que estaua entre los indios".

significa "filho do trovão"* – um título que ele adquiriu trazendo uma arma para o continente. Henderson, em seu *History of Brazil*,[2] diz que em seu tempo (1821) um homem que ainda vivia em Porto Seguro tinha em seu poder um velho manuscrito que afirma que Gaspar de Lemos, um dos primeiros descobridores do Brasil, em uma viagem de volta a Portugal, entrou no Rio Ilhéus, perto da Bahia, desembarcou, e foi atacado repentinamente por índios. Correa, um de seus tripulantes, não teve tempo para reembarcar e, dessa forma, permaneceu entre os selvagens. Como ele tinha se casado muitas vezes, e freqüentemente entre os índios, e falava a língua deles, tinha sido muito valioso achá-lo.

No navio espanhol naufragado veio o primeiro donatário, um certo Francisco Peyreya Coutinho, um nobre. Coutinho era um fidalgo[3] português – *i.e.*, um nobre que tinha recém retornado da Índia, onde ele tinha servido com honra e prestado importantes serviços para o Estado. O Rei, Dom João III, tendo dividido todo o Brasil em capitanias, concedeu a Coutinho todo o território entre o ponto do Padrão, conhecido agora como Santo Antônio, e o Rio São Francisco, juntamente com o Recôncavo baiano – *i.e.*, a maior parte da extensa baía.

Esse fidalgo montou sua expedição nos moldes de seu tempo. Sua primeira ação foi, depois de levantar um cercado, construir uma igreja, evidentemente entendendo a força do provérbio, "A Deus rogando, e com a maça dando".[4] Sua expedição compreendia um capelão, que naquela época eram conhecidos como soldados reformados – *i.e.*, aposentados –, e muitos homens ricos. Sendo o Brasil um país tropical, e os portugueses nunca tendo compartilhado as opiniões dos espanhóis em relação à ignomínia do comércio, e sendo menos obstinados em descobrir minas de ouro, e de modo geral muito menos irrefreáveis no desejo de salvar as almas dos pobres índios, quase todos os donatários se dedicaram à plantação de cana-de-açúcar. Cou-

* O autor explica incorretamente Caramuru como "o homem do fogo", aqui corrigido. (N. T.)
2 Henderson, *History of Brazil*, Londres, 1821, p. 310.
3 Fidalgo – literalmente, "um filho de alguém, ou de algo".
4 "A Dios rogando, y con la maza dando".

tinho fez o mesmo e tudo pareceu prosperar por vários anos. Eles construíram uma capela no local, onde agora fica o convento de Nossa Senhora das Vitórias. Os negros eram inacessíveis, já que o comércio de escravos começou somente em 1574.

O clima tornou o trabalho no campo quase impossível para o homem branco, embora os portugueses não desprezassem todas as ferramentas manuais, da mesma forma que os espanhóis. Entretanto, a mão-de-obra era essencial nos canaviais, então eles começaram a escravizar os índios. Nenhuma raça de homens no mundo todo estava menos inclinada a sentar-se silenciosamente em posição servil do que os índios do Brasil. Posto que os primeiros colonizadores nunca entenderam a raça, assim a guerra desde o princípio era certa. Uma coisa é atribuída aos portugueses: eles não parecem ter usado a glória do Senhor como pretexto, como fizeram os espanhóis em circunstâncias parecidas. Portanto, quando eles faziam um homem de escravo, não se preocupavam muito com a alma dele.

Entretanto, não estavam completamente livres das idéias que influenciaram seu tempo e sempre levavam com eles um bom número de padres e monges em todas suas conquistas – talvez por precaução, ou talvez por hábito, ou porque isso era imposto a eles pelos governantes. Em todas as conquistas do Brasil, os jesuítas tiveram uma considerável contribuição.

Vincente Monteiro, Tesoureiro do Nosso Senhor o Rei de Portugal, em um relatório que fez a Mem de Sá, governador do Brasil, lamenta que um chefe indígena, a quem ele chama de Boca Torta, recusou-se a deixar de comer carne humana, de maneira que o governo foi forçado a marchar contra ele e a queimar sua vila; e depois de queimá-la, e matar muitos dos inimigos, ordenou ao padre jesuíta que construísse uma igreja onde se pudesse rezar a missa, ensinar a doutrina, "e ler, escrever, e outros bons costumes".[5]

5 "E leer e escrever e outras boas costumes". – Vincente Monteiro Tezoureiro del Rey Nosso Senhor, em um relatório a Mem de Sá Governador do Brasil, em "Documentos relativos a Mem de Sá", publicado em *Annaes da Bibliotheca Nacional do Rio de Janeiro*, vol. XXVII, p. 194.

Entretanto, os portugueses parecem ter mantido suas expedições punitivas, como nós podemos chamá-las hoje em dia, e seu empenho para introduzir separadamente "bons costumes" e um conhecimento de sua fé. Nós nunca lemos, no Brasil pelo menos, sobre um único exemplo de um conquistador que, como Cortés no México, tenha sido ainda mais ansioso do que os padres por trazer o bando de índios para a Igreja. O tratamento costumeiro de Coutinho e seus seguidores para com os nativos foi responsável por trazer os resultados de sempre. Os índios irromperam em uma revolta. A maior parte do território que agora compreende o Estado da Bahia era habitado naquele tempo por uma tribo de índios chamada Tupinambá,[6] uma tribo impetuosa e afeita à guerra. Eles se espalharam em certa época por quase todas as regiões costeiras do Brasil. Sua língua era aparentada ao guarani, como a falada pelos paraguaios hoje.[7] Os nomes de lugares são quase idênticos. Qualquer um com vagas noções de guarani pode decifrar a maioria dos nomes de lugares no estado da Bahia, diferentemente daqueles em português, dados pelos conquistadores. Os tupinambás parecem ter sido mais impetuosos e guerreiros do que os guaranis do Paraguai. Acima de tudo, eles eram intrépidos e resistentes a níveis extraordinários. Essas qualidades foram passadas para os sertanejos da Bahia, cuja maioria tem um vestígio de sangue indígena. Os tupinambás ou, para ser mais precisos, os índios tupiniquins, muito provavelmente uma ramificação da tribo mais conhecida, logo ficaram doentes por causa do trabalho continuado; e entre as muito prováveis injustiças que eles tiveram que sofrer nas mãos de Coutinho e seus colonizadores, nós podemos supor, especialmente, a introdução forçada dos "bons costumes", sempre tão inconvenientes tanto para os índios como para os homens brancos, conduziu-os

6 Esses índios eram uma ramificação da grande tribo tupi.

7 O guarani e o tupi são línguas semelhantes e, em geral, quase todos os nomes de lugares nesse vasto território estão nessas línguas. No início da história do Brasil, e talvez mesmo antes da conquista, o tupi era o meio de comunicação geral. Agora está muito mesclado com o português – por exemplo, com relação aos numerais, já que os tupis só contavam até 5. É "A Língua Geral", e se supõe que era muito usada pelas diversas tribos desde épocas remotas. Vem da parte sul do Orinoco para o Paraguai e a província de Corrientes, na Argentina.

à revolta. Eles levaram adiante por seis ou sete anos uma longa luta armada contra os invasores de suas terras.

Essa luta armada teve todas as características já conhecidas das guerras coloniais. Os índios atacavam à noite e queimavam as feitorias de açúcar. Eles cortavam em pequenos pedaços os corpos dos portugueses, que eles atacavam de surpresa. Não há dúvida de que, de vez em quando, eles massacravam os colonizadores; de qualquer maneira, eles tornaram a colônia insustentável. Coutinho teve que reembarcar com todos seus homens, levando Correa com eles como intérprete. Levados para a praia por um forte vendaval, não muito distante da entrada do porto da Bahia, eles foram atacados, massacrados e devorados, já que a tribo era de canibais. Correa-Caramuru escapou, graças a seu conhecimento da língua indígena.

Finalmente, por meio do matrimônio, geralmente duradouro e bem-planejado, no que diz respeito à posição social das famílias de suas noivas, nós podemos supor, ele se tornou um príncipe. Sua descendência foi numerosa, informa-nos o Jesuíta Vasconcellos,[8] que escreveu sua biografia e conta que muitas famílias da Bahia ainda atribuem sua ascendência ao homem com arma de fogo. A principal esposa de Caramuru-Correa, filha de um chefe indígena, batizada como Dona Catharina, está sepultada nas cercanias de Vitória, na Igreja de Nossa Senhora da Graça. Ela acompanhou o marido à Europa, onde ele deve ter estado tanto no mar, depois de tantos anos de vida com os índios, quanto ela mesma. Ela foi batizada em Paris, ocasião em que renunciou a seu nome indígena Paraguassu e adotou o nome da Rainha da França.

Essa índia, digna de ser colocada ao lado de Pocahontas no "rol da fama", tem o seguinte epitáfio em seu túmulo "Esta é a sepultura de Dona Catharina Álvares, Senhora desta Capitania da Bahia, a qual ela e seu marido, Diogo Álvares Correa, natural de Viana, deram aos

8 Esse autor não escreveu menos de 150 anos depois da morte de Caramuru, mas eu não vejo nenhuma razão para duvidar de sua palavra ou de seus fatos.

Reis de Portugal, e construíram e deram esta capela ao Patriarca São Bento, no ano de 1582".[9]

Nenhuma das outras esposas de Correa teve epitáfios.

Ele mesmo viveu até uma idade avançada e, no ano de 1549, recepcionou Thomé de Souza, o novo Capitão Geral, e o hospedou com seus seguidores em sua vila, enquanto um novo povoado, agora a cidade da Bahia, estava sendo construído.

O nome indígena de Dona Catharina, Paraguassu, é o nome do rio perto de onde ela nasceu. O lugar de nascimento de seu marido é uma maravilhosa cidadezinha de Portugal, na província de Minho, não muito distante da Espanha. Ela permanece, as casas agrupadas ao redor da bela e vistosa Igreja Matriz, uma fonte de ruas arqueadas e antigas, todas pavimentadas com pedras. O Rio Lima, que foi tomado de Lethe pelos soldados de Roma, banha suas muralhas.[10] Embora Correa tenha bebido de suas águas em sua infância, ele achava as do Paraguassu mais potentes, e depositou seus ossos bem longe do rio de sua juventude.

Diogo Correa-Caramaru e Paraguassu-Catharina deram assim origem a uma raça que viria a ter uma grande participação no destino, não só da Bahia, mas de todo o Brasil. Os índios que os portugueses encontraram vivendo na terra eram menos valentes e guerreiros do que eles.

A primeira mistura de raças – *i.e.*, o cruzamento entre o branco e o índio – é conhecida no Brasil como um "mestiço" – *i.e.*, uma meia raça. A introdução do negro trouxe um outro tipo de miscigenação e abriu caminho para um confuso número de meias-raças e quartos de raças entre as diferentes etnias de índios, negros e brancos.

9 Sepultura de Donna Catharina Alvarez, Senhora desta Capitania da Bahia, a qual ella, a seu marido Diogo Alvarez Correa, natural de Vianna, deram uos Senhores Reys de Portugal, fez, e deu esta Capella ao Patriarca São Bento, Anno de 1582".

10 Lucius Junius Brutus teve que mergulhar nele carregando sua bandeira, para convencer seus soldados a atravessá-lo. O poeta Diogo Bernardes diz: "Junto do Lima, claro e fresco rio/ Que Lhete se chamou antiguamente".

No Brasil, elas têm vários nomes, e não é fácil para um estrangeiro separá-las e distingui-las. Embora as cores se misturem umas às outras, a infinita variedade de gradações tende a produzir um ou dois tipos diferenciados. Como regra geral, pode-se dizer que o Mulato, o cruzamento entre o negro e o branco, resulta em um tipo de homem forte, corpulento e robusto, mas indolente e que não evolui, com uma forte tendência ao fervor religioso. Esse tipo é geralmente encontrado nas regiões costeiras e raramente adentra o sertão.

O Mamaluco, também chamado de Curiboca, é a meia raça entre o branco e o índio.

Finalmente, o Cafuz é o resultado da miscigenação entre o negro e o índio, geralmente o índio da raça tupi.

Os nomes Curiboca e Mamaluco são de origem indígena e são derivados de palavras tupis em uma primeira instância, "Curiboc" (de procedência branca) e em segunda, "Mamaluco", de "mama", misturar, e "rucca", tingir. Todos esses nomes estranhos são ainda mais complicados pelo termo "caboclo", geralmente usado pelos índios que alcançaram algum grau de civilização, mas freqüentemente pode designar meramente um indivíduo do campo, rústico.

Todas essas três divisões se cruzaram e entrecruzaram, e continuam a fazer isso; mas no final das contas o sangue branco geralmente prevalece. O Mamaluco e o Cafuz são raramente vistos na Costa, e é a partir desses grupos que o interior tem sido principalmente povoado. Assim como o Mulato é geralmente alegre e temperamental, o Curiboca é quase sempre taciturno, fanático em suas crenças religiosos, constante em tudo o que faz, um inimigo cruel e igualmente um amigo fiel.

Embora não seja tão eficiente em um trabalho simples como o Mulato, ele é incrivelmente resistente a todos os tipos de sofrimento. Sua estrutura é leve e ativa, a barba é rala, a fala é lenta e comedida e não está a salvo de traços de ferocidade e até mesmo da crueldade em sua composição, herdadas com o sangue indígena.

O Cafuz, conhecido nas repúblicas espanholas como Zambo, é o mais inferior dos três tipos. Não lhe faltando força física ou energia, sua perspectiva mental é com freqüência atrasada e selvagem e seus traços são freqüentemente atarracados e com feições simiescas. Grosso modo, pode-se dizer que os três tipos propiciam o melhor campo para o trabalho do agitador entusiasta religioso do que quaisquer outros na América. A agitação ou entusiasmo, entretanto, nunca excede os limites da Igreja Católica, e todas as seitas discordantes, tão comuns nos Estados Unidos, são completamente desconhecidas em muitas partes do Brasil.

Quando esses movimentos surgiram no Brasil – e eram extremamente numerosos –, foram o que se pode intitular revoluções da graça interior, para usar um termo teológico, em vez de formas de governo da Igreja ou do direito de interpretação individual das Escrituras, que geralmente deram origem a uma infinidade de seitas entre os ingleses e americanos. Os repetidos cruzamentos e entrecruzamentos das três raças produziram um tipo de homem, nem todo índio nem todo branco, mas com uma certa força do sangue negro, que se tornou o habitante dos sertões, ligeiro, ativo, da cor da azeitona, e com cabelos abundantes e barba rala, formando um tipo de mente altamente receptiva às obsessões religiosas.

A estranha natureza da região, conhecida como sertão, assim como o isolamento de suas vidas, contribuiu indubitavelmente para a produção desse tipo físico e moral. Desde os primeiros tempos da colônia, a Coroa de Portugal negligenciou o sertão porque sua única atividade era a criação de gado, e naquele tempo isso não propiciava um bom campo para cobrança de impostos que visava principalmente as minas de ouro de Goiás.

Essa circunstância, embora em alguns aspectos provavelmente contribua para aumentar a criação de gado, dificultava ainda mais a relação dos habitantes com o mundo exterior.

"Hoje", como João Ribeira conta em seu *História do Brasil*,[11] "o sertanejo apresenta um tipo mais refinado e mais puro do que

11 João Ribeira, *História do Brasil*, Rio de Janeiro, 1909.

o habitante da costa, onde a raça é um pouco mais misturada com o sangue negro".

"Os sertanejos são, na verdade, mais morenos, mas seus cabelos são freqüentemente claros... Estando acostumados desde a juventude ao uso das armas, eles estão aptos para voar sobre elas indevidamente para vingar até mesmo o menor desrespeito... Eles são desconfiados de toda influência externa e avessos à vida moderna".

Na realidade, demorou de oitenta a cem anos para que o sertão se abrisse propriamente. Somente em 1715, e depois que o tratado de Madri foi assinado, entre a Espanha e Portugal, é que o país todo ficou livre para os criadores de gado se instalarem e tomarem posse. A princípio, eles se instalaram timidamente nos contrafortes, depois gradualmente ultrapassaram-nos e se espalharam pelo interior; mas a principal via de exploração e de povoamento brasileira era pelo rio São Francisco, o único rio de tamanho considerável naquela região costeira. Eles avançaram ao longo do rio, povoando as duas margens, e pouco a pouco chegaram às cachoeiras de Paulo Affonso, que interromperam seu progresso, dispersando-os em direção ao interior. Essas quedas-d'água, cujo verdadeiro nome é geralmente desconhecido para aqueles que não visitaram o Brasil, são dignas rivais do Niágara. Sua altura é algo em torno de duzentos a quinhentos pés, seu volume um pouco inferior ao Niágara, mas seus arredores, e o fato de que logo abaixo das quedas o rio é limitado por um abismo entre rochas grandiosas, fazem-nas superiores em interesse às mais famosas quedas-d'água. A vegetação tropical com os bosques de palmeiras e de bambus cobrindo a margem, os pássaros brilhantemente coloridos, a solidão, a chuva intermitente que cai das colunas de *spray* branco parecendo um arco-íris de neblina visto no mar e os profundos canais logo abaixo das rochas cortadas em cachoeiras e mil cataratas, fazem da queda-d'água brasileira uma das mais imponentes do mundo. Assim, no sertão tudo tem contribuído para um tipo de homem e para um estilo de vida talvez único em um mundo onde todos os tipos tendem a desaparecer. De fato, em todo o Brasil, o sertão sozinho tem as tradições de uma vida nacional, e é lá que se deve olhar para o brasileiro com todas suas virtudes e seus vícios mais acentuados.

Situada como está a região, dentro dos trópicos, na latitude de 13 graus abaixo da linha do Equador, as chuvas deveriam ser abundantes e o clima tropical,[12] como elas são no litoral. No sertão é completamente diferente. Como a estrada beira as montanhas, aos poucos tanto o solo como a vegetação mudam. A terra preta e rica nas planícies aluviais baixas se funde aos poucos e perde a cor, até aparecer uma região de solo vermelho e arenoso que desbarranca com facilidade. Essa é a cor característica do solo do sertão, e também de grandes extensões de terra da região no interior do Brasil. Os gigantes da floresta primitiva – com suas folhas escuras e metálicas, todas enroscadas em plantas rastejantes em forma de cipó, cujos galhos de vermelho intenso com flores amarelas vivas caem em ramos ou, chegando acima do tronco, parecem ser as flores da árvore a que eles se prendem – desaparecem aos poucos. Eles dão lugar aos cactos e às bromélias, especialmente à variedade chamada no Brasil de caraguatá, e na Jamaica o abacaxi selvagem. Ceibas e jacarandás, sapucaias, jequitibás, mocaúbas e uma infinidade de árvores que florescem e morrem desconhecidas nas grandes florestas da costa desaparecem. A palmeira espinhosa e mirrada do sertão; a mangabeira, chamada *yataí* no Paraguai, com suas flores amarelo-esbranquiçadas que parecem jasmim, e o umbuzeiro, cujas folhas resistem às secas destruidoras do verão e fornecem alimento para o gado e um prato conhecido pelos sertanejos como "umbuzada", feito com uma pasta obtida com a trituração dos frutos, resistem solitárias ao clima e ao solo arenoso e fraco.

Essas e a vegetação mirrada e espinhosa são as principais espécies das "caatingas", como são chamadas aquelas planícies cerradas circundadas por um denso quase impenetrável matagal, que rasga toda a roupa menos a de couro de veado que os vaqueiros usam.

12 Como em muitas regiões tropicais, há somente duas estações, a úmida e a seca. No sertão, elas são conhecidas como "Verde e Magrém" – literalmente, "verde e jejum".

Os líquens e os musgos logo desaparecem no clima seco e árido, enquanto aqui e ali sob uma palmeira são vistos buracos com água conhecidos como "cacimbas", que os habitantes, que travam uma batalha constante contra a sede em certas estações do ano, cavam onde um traço de vegetação mostra que há água sob o solo. Aos poucos a paisagem se torna impassível, quase ameaçadora, nua, inós-pita e monótona. É uma terra de sede, de grandes extremos de temperatura, de tempestades repentinas, de noites geladas sucedendo dias de intenso calor; uma terra onde o homem tem que lutar por sua existência contra a seca, tempestades, calor, frio, fome e sede, e assim se torna endurecido e resistente, física e mentalmente abandonado à própria sorte, fanático em sua religião, introspectivo, visionário, bravo, hospitaleiro, desconfiado, cruel e generoso, feito de contradições, preparado para lutar contra as provações diárias de sua vida. No calor escaldante e no frio cortante as plantas ficam mirradas; as leguminosas, que geralmente crescem tanto nos trópicos, aqui ficam anãs. Em meio àquela família, as plantas chamadas "as favelas" pelos sertanejos, cuja classificação não é conhecida até agora em nenhum catálogo de plantas, têm a estranha propriedade de reter o frio do ar da noite em um lado de sua folha, enquanto o outro lado mantém a temperatura do meio-dia. Outras plantas, como as conhecidas como "as batatas do Vaqueiro"[13] têm raízes que penetram algumas jardas por dentro da superfície da terra. Elas também fornecem um tubérculo não muito diferente da batata, que na estiagem geralmente é o único alimento dos habitantes.

Essa luta pela existência entre as plantas e árvores apresenta sua contrapartida no gênero humano. O clima se encarrega de que somente aqueles mais preparados para resistir a ele atinjam a humanidade, e a vida inclemente que eles subseqüentemente levam formou uma raça tão forte quanto os castelhanos, os turcos, os cíticos antigos ou os mexicanos.

---

13 A planta é descrita, mas não classificada. Em *Brazil*, de Henderson, é provavelmente da família *Convolvulus*.

Nenhuma raça em toda a América está melhor preparada para enfrentar o deserto. O sertanejo é o que os franceses chamam enfaticamente de "um macho". Seu sangue indígena dá a ele firmeza e uma paciência sobrehumana nas adversidades. Por um lado, de seus antepassados brancos ele herdou a inteligência, o amor pelo indivíduo; por outro, a ampla liberdade inerente às raças latinas, bons modos e uma significativa dose de respeito por si mesmo. O toque de sangue negro, embora no sertão tenda a desaparecer da raça, pelo menos das características físicas, pode porventura ter dado a ele quaisquer qualidades que o africano afirma ter. Longe de ser expansivo, embora sensível, nunca se esquece de um favor e cultiva um insulto como se fosse uma pérola de valor, guardada para se vingar quando for oportuno ou quando o inimigo estiver desprevenido.

Centauros diante do Senhor, os sertanejos não parecem (quase exclusivamente o cavaleiro) ter aquele orgulho de sua aparência tão notável no *gaucho*, no mexicano e nos árabes da África Setentrional. Sentado na sela pouco curvada, uma modificação do *recao* usado nos Pampas argentinos, o sertanejo move-se vagarosamente, prende seus pés para trás e cavalga, como diz o ditado, por todas as partes de seu cavalo, usando, é claro, simples rédeas e a mão erguida, tão natural como o cavaleiro gosta.[14] Contudo, quando uma parte do rebanho desata em um estouro selvagem de boiada, o homem se transforma repentinamente. Então ele se senta empertigado ou se curvando sobre o pescoço de seu cavalo, voa em um passo arriscado precipitando-se através da densa vegetação de caatingas de uma maneira que tem que ser vista para se acreditar. Ameaçadores galhos de árvores atrasam-no e o colocam em perigo. Ele se cola ao dorso do cavalo e passa embaixo deles. Uma árvore está em seu caminho bem no meio de sua corrida arrojada. Se seu cavalo, altamente treinado e com freio, não consegue parar a tempo, ele escorrega no último momento como uma

14 O freio usado em todo o Brasil é uma modificação do freio trazido pelos conquistadores, e não é muito diferente daquele do cavalo da estátua do Rei Charles na Trafalgar Square.

gota de água de uma vidraça, ou se há a menor chance de passar de um lado, esconde-se nas costas de seu cavalo como um antigo apache ou comanche a caminho da guerra.

O gado assustado se lança no meio da caatinga com a velocidade do pensamento. A densa vegetação abre-se com sua passagem e os esconde completamente. O sertanejo segue e ele também passa e é engolido, não deixando nenhum traço de sua passagem.

"Por onde passa o boi passa o vaqueiro com seu cavalo", diz um provérbio no sertão, e é mesmo um fato. Se o rebanho que ele está perseguindo é suficientemente imprudente para deixar o abrigo do mato e entrar em uma pequena planície que se estende como um lago ou como um oásis no meio da floresta, o vaqueiro, agitando sua longa vara com ponta de ferro, chamada "guiada", está em seu lombo em um piscar de olhos, e os leva de volta à estrada para casa. Como regra geral, a menos que esteja amedrontado pelo fogo ou quando corre diante de uma tempestade, o gado – que é semi-domesticado – fica calmo quando é cercado. É preciso um bom cavalo e um cavaleiro corajoso para alcançar um rebanho amedrontado em qualquer terreno; mas nenhum cavaleiro no mundo pode sair-se bem contra o vaqueiro do sertão vestido de armadura[15] de couro e no terreno que ele conhece.

Depois que o vaqueiro vê o gado acalmar-se e enfileirar-se, como costumamos chamar, em uma longa linha ou parar e olhar atenta-

15 Eu utilizo a palavra "panoply" propositadamente, já que o efeito das espessas roupas de couro é muito parecido com o da armadura. A vestimenta consiste em: o chapéu, baixo, com aba bem-engomada e não muito diferente dos chapéus de aço de nossas tropas na França; ele é mantido no lugar por uma correia de couro no queixo. As luvas de couro. As perneiras devem ser justas, pois qualquer folga iria enroscar nos espinhos e rasgar durante os selvagens galopes através do mato. A jaqueta, chamada "gibão". As joelheiras, para proteger os joelhos dos espinhos, e perneiras conhecidas como "guarda-pés" completam o vestuário. O cavalo também tem sua armadura, sem a qual seria rasgado em pedaços nos espinhos. Sobre suas ancas, cai uma cobertura de couro que quase alcança o curvilhão. Suas joelheiras protegem seus joelhos como as do vaqueiro que o guia. Finalmente o "peitoral" cobre seus ombros e protege o peito. O cavalo está geralmente com ferraduras, mas ele não parece sentir a necessidade delas mesmo no meio das pedras. Os cavalos do sertão são pequenos, nunca ultrapassando 14 palmos. São todos treinados para esquipar e são descendentes dos cavalos trazidos pelos conquistadores, sem qualquer mistura de sangue, desde a conquista.

mente e então começar a comer, ele entoa a curiosa canção chamada O Aboio – que é a canção do gado. Algumas vezes é tocada com um chifre; mas em ocasiões tais como essa, o boiaro começa a cantar com voz melancólica e baixa. O efeito é calmante para o gado e as sílabas prolongadas

"E cou mansão
E cou e cão"

têm um estranho efeito quando ecoam na floresta. Tudo isso acontece se o gado debandado continua junto e quando é possível cercá-lo. Se, por outro lado, um animal ou dois desgarram do rebanho e tomam seu curso sozinhos, o vaqueiro, que não pode usar o laço por causa da densa vegetação, recorre à "saiada", que geralmente tem sucesso em domar mesmo o animal mais selvagem.

Mantendo seu cavalo à mão e analisando melhor sua oportunidade, o vaqueiro, quando vê um lugar descampado, solta sua cabeça e o esporeia. Em um salto ou dois, ele se põe lado a lado com o novilho. Então, curvando-se na sela, ele agarra forte o rabo do boi e vira seu cavalo um pouco para fora e, com um giro e um puxão brusco, ele derruba o animal para o lado.[16] O choque é violento e a proeza, nada fácil de realizar. Mais rápido do que o pensamento, antes que o animal possa se levantar, o vaqueiro salta de seu cavalo, pousando como um gato. Seu cavalo permanece parado, treinado para evitar as compridas rédeas de couro que o vaqueiro abandonou no chão. Então, correndo para o animal prostrado, ele arrasta suas patas dianteiras sobre o chifre próximo e o deixa indefeso no chão. Seu cavalo o espera como uma estátua, e ele, saltando sobre seu lombo, está de novo rapidamente no encalço de outro animal. Tudo se passa em um *flash*, e em um instante a vegetação está fechada completamente no cavaleiro, deixando o boi até que ele volte novamente a tirar seu chifre do chão e se erguer.

Essa operação é perigosa, pois o animal a essa hora já recuperou o fôlego, e não é improvável que aproveite o instante em que percebe

16 Algumas vezes essa proeza é realizada com a aguilhada, que é pressionada sobre a coxa do animal quando suas patas traseiras deixam o chão.

que está livre. Daí o uso das compridas rédeas, que têm geralmente sete pés de comprimento. Segurando-a pelas extremidades, o vaqueiro cuidadosamente vai até o animal caído, tomando muito cuidado para manter uma mão apertada a suas rédeas.

Algumas vezes, o choque tira o poder de luta do novilho, que se levanta rabugento e começa a comer. Nesse caso, ele não dá mais problemas e pode ser conduzido pacificamente até o rebanho que a essas alturas está sendo agrupado por vários cavaleiros. Outras vezes, ele ataca de modo selvagem. Então o vaqueiro, ou monta o mais rápido que pode e corre, ou, mergulhando, oculto por seu cavalo, monta do lado direito, deixando o novilho procurando por ele assustado. Esse tipo de vida, sustentado por uma dieta de carne seca, chamada pelos vaqueiros carne do vento[17] (que é a carne seca no vento), e angu, um tipo de mingau feito de milho ou de uma pasta de frutos da palmeira chamada coco-naiá, faz uma raça de homens que não se intimida mesmo diante do clima do sertão.

A pé eles andam como marinheiros recém-chegados à terra firme depois de uma longa viagem, enroscando-se em suas pernas, arqueados pela recente cavalgada, como fazem os vaqueiros no Oeste dos Estados Unidos e como os medas andavam de acordo com os historiadores gregos.

Contudo, eles saem com um cajado bifurcado e com um facão no pé para matar o jaguar,[18] chamado por eles suçuarana, que deve ser uma palavra tupi ou em outra língua indígena. O método que eles adotam é simples: depois de seguir o rastro do jaguar, eles o incitam a

---

17 Carne do vento é o *charqui* dos argentinos, o *tasajo* dos mexicanos, o *biltong* dos boers. É feito cortando a carne em longas tiras finas e expondo-a ao sol por mais ou menos três dias. Ela pode ser mergulhada no suco da laranja, do limão ou outro, para dar um sabor. Poucos paladares europeus resistem por muito tempo. Socado e misturado com um pouco de canela, é o alimento vital em uma viagem, mas dificilmente palatável. Os sertanejos não a usam dessa maneira até onde eu sei. Mas usam um curioso preparo conhecido como "esteira de umbu", que é o suco do umbuzeiro derramado em uma forma e endurecido e então a carne é esticada como *wafers* com rolos finos. Ela dura muito tempo, é muito prática para uma viagem e sustenta muito.

18 Jaguar significa cachorro em guarani, e um tigre é chamado jaguaretê – isto é, o grande cão, pois os guaranis não conheciam o gato até depois da conquista. Os primeiros gatos levados para Assunção foram vendidos por uma libra de ouro. Quando eu conheci o lugar, o preço havia caído.

sair de seu esconderijo com cachorros, e quando ele ataca, como geralmente faz quando está encurralado, o homem que está com o cajado bifurcado se ajoelha e pega a besta com ele assim que ela salta. Seu companheiro, que ou está com uma faca comprida e afiada ou com uma pequena e pesada lança, não perde tempo em enterrá-la na barriga ou na garganta do jaguar. Esse esporte, que deve ser tão excitante quanto atirar em pombos liberados de uma armadilha, é geralmente fatal para o praticante se algo der errado. No Brasil, no México e na Venezuela, muitas grandes fazendas de gado têm um homem chamado *Tigrero*, já que o jaguar é geralmente chamado *el tigre* (o tigre) nas Repúblicas Hispânicas, cujo dever é matar os tigres que atacam o gado.

A luta contra as estiagens, que são a praga do sertão, e a vida isolada provavelmente são responsáveis pela intensidade da fé religiosa dos habitantes. Desamparados como eles têm sido nos últimos trezentos anos, com quase nenhuma comunicação com o mundo exterior, com eles o catolicismo adquiriu muitas características do presbiterianismo mais severo. Os sermões são repletos de referências ao inferno e suas chamas. As dores e as punições que esperam o pecador, as torturas dos amaldiçoados, são todas estabelecidas fora, com o ministério tão fiel quanto costumava ser na época dos cameronianos.

Sua religião nem consola nem suaviza. Uma crença apropriada para uma terra implacável produziu um povo implacável como ela. Na verdade, crentes no derramamento de sangue deles e dos outros, eles veneram seus sacerdotes, ou os vários líderes religiosos que surgem de tempos em tempos entre eles, como algo sobre-humano e em comunicação direta com a Divindade.

A natureza e as circunstâncias parecem ter trabalhado juntas para preparar os habitantes do sertão para a grande aventura a que eles se lançaram em 1896.

A história de um sem-número de comunidades religiosas no Brasil – que dificilmente podem ser denominadas "seitas", nunca tendo deixado a Igreja em que elas tiveram origem – é altamente curiosa, e até agora não tem sido tratada adequadamente. Até hoje elas têm continuidade e, de vez em quando, carregadas de perigo considerável para o Estado. Isso oferece campo para especular por que os portugueses, tão menos fanáticos de modo geral que os espanhóis no Novo Mundo, devem ter manifestado tais movimentos religiosos estranhos no Brasil, e mais especialmente no estado da Bahia, quase o primeiro dos territórios a ser colonizado.

A razão pode estar talvez no choque de temperamentos envolvidos na miscigenação excessiva dos vários tipos. O português, uma raça de ascendência latina, misturada no norte com os celtas e no sul com sangue árabe e berbere, tinha sido contaminada na época da conquista do Brasil com um toque de sangue negro. Era estimado que havia pelos menos dez mil negros na capital, resultado das conquistas portuguesas nas costas do Guiné.

Garcia de Rezende, um escritor daquele tempo (1530), diz em verso:

> "Vemos no reyno metter
> Tantos captivos crescer
> Irense os naturaes
> Que se assim fôr serão mais
> Elles que nós, a meu ver."

Assim os portugueses daquele tempo, ou pelo menos aqueles vindos de Lisboa e do sul, com os prováveis vestígios do sangue negro que existia neles, devem também ter tido uma disposição, ou predisposição, ao animismo tão característico da raça negra. Aqueles que conheceram o negro na Costa da África notaram o enorme espaço que a religião ocupa em sua mente e vida – por ser tão difícil separar os limites entre religião e superstição, assim como entre o instinto e a razão, e dizer onde uma termina e a outra começa.

Seu mundo é cheio de espíritos – dos rios, das árvores, dos mortos. Os vivos podem dissociar seus corpos de suas almas para atormentar o negro. Ele vive rodeado de um mundo que não pode ver, mas sente em todos os atos de sua vida. Daí sua crença em amuletos, feitiços, uma multiplicidade de casas de fetiches, seus sacrifícios humanos, curandeiros e, em algumas instâncias, seu canibalismo. Nenhuma raça humana foi alguma vez um campo tão prolífico para o trabalho missionário. A mente deles é preparada para ouvir qualquer um que tenha uma teoria do universo; para ouvir e aceitar, e colocar os deuses – já que o negro naturalmente considera a Trindade como três novos seres enviados para ele adorar – em seu Panteão.

Nenhuma raça humana alguma vez, quando convertida, cantou seus hinos com tamanho fervor. O metodista, wesleyano, presbiteriano, e geralmente todas as seitas que colocam a fé acima de suas obrigações, apelou para sua imaginação e se expressou como eles próprios. Curiosamente, os católicos romanos, apesar de bem-sucedidos com os índios da América, com algumas das raças do Leste e com os chineses, parecem ter exercido pequena atração para algumas das raças na Costa da África. A missa, tão impactante para os índios, diz muito pouco ao negro (da Costa); muito pelo contrário, parece separá-lo de toda participação no culto que ele acompanha. Ele gosta de cantar, rezar e de transpirar com fervor, e se sente, por assim dizer, em comunicação direta com seu Deus. A fé, para o negro, é a âncora de salvação, e qual é o uso, se a âncora de salvação controla afastando o menor obstáculo em qualquer lugar? Daí sua negligência com as obrigações. Que isso é uma verdade quase absoluta, todos aqueles que conhecem a Jamaica, os estados do sul da América do Norte, ou qualquer outro lugar onde os negros adotaram qualquer um dos mais animistas dos credos do protestantismo, podem comprovar.

A fé, para a natureza do negro, é uma necessidade da vida. Boas obras não parecem entrar nessa composição mental, e daí talvez a curiosa semelhança que é observada entre tantos movimentos religiosos que apareceram no Brasil e aqueles da Ásia Menor nos séculos I e II.

O índio brasileiro tem, com sutis diferenças, as características observadas em todos os índios da América, com exceção das tribos pele-vermelha. Nós podemos julgar que tipo de homens eram os tupis apenas pelas raças derivadas que eles deixaram e pelos índios que existem hoje em vários cantos do Brasil sob condições similares às daqueles durante a primeira conquista da terra. Observa-se ainda, julgando os homens de raças selvagens, que por trezentos anos ou mais, como no Brasil, viveram sob o conhecimento e a ameaça dos brancos, e geralmente só tiveram contato com a escória da população branca das fronteiras, ou com os soldados enviados contra eles em expedições militares, que eles são certamente inferiores ao que eram trezentos anos atrás. Comumente seus chefes e homens de casta superior foram sendo mortos, suas filhas na época da primeira conquista casavam-se com brancos, como no caso de Paraguassu, e da Princesa Inca que se casou com Garcilaso de la Vega, e muitos outros exemplos.

Freqüentemente as tribos mais selvagens viviam quase no mesmo estado em que viviam as que foram descritas pelos primeiros historiadores, mas abandonaram as atividades que eles lutaram lentamente para conhecer e voltaram para um estado absolutamente selvagem. Isso é especialmente observado no caso de uma tribo conhecida como os pimentereios, que no ano de 1760 apareceram no estado do Piauí. Ninguém sabia de onde eles vinham; durante cinqüenta anos, não se tinha conhecimento de nenhum índio em estado selvagem no território. Os pimentereios logo marcaram presença matando gado, queimando casas isoladas e matando todos que encontravam. Eles deixaram o território alarmado por anos, até que um Paulista,[19] um certo Domingos Jorge, exterminou muitos deles e forçou outros a se retirarem. Presumia-se que esses índios eram descendentes de uma tribo domesticada que vivia perto de um lugar chamado Quebrobó, e que eles tinham deixado uma vida de semicivilização para voltar à floresta tendo-se recusado a lutar contra seus irmãos mais selvagens, quando chamados para fazer isso pelos brancos. Alguns deles, por-

19 Os paulistas eram os habitantes de São Paulo, um estado do sul. A maioria deles, na época de Domingos Jorge, tinha sangue indígena. Entretanto, sob o nome de mamalucos, os índios das reduções jesuítas paraguaias nunca tiveram inimigos tão amargos ou tão cruéis. A incursão dos paulistas à procura dos escravos forçou os jesuítas a fazer sua famosa retirada com todos seus neófitos, uma retirada que o Padre Ruiz Montoya descreveu tão nitidamente que se tornou quase o épico dos guaranis.

tanto, devem ter sobrevivido até hoje em um estado selvagem, dentro das florestas equatoriais; é claro que eles são agora mais selvagens e menos civilizados do que eram no ano de 1760, depois de sua curta experiência na vida colonizada. Os índios do Brasil, deixados provavelmente sem seus chefes, e convertidos mais ou menos à força, encontraram nos jesuítas seus melhores protetores contra os colonizadores, que olhavam para eles meramente como bestas de carga, embora, para a sorte dos índios, naquela época não houvesse mais minas descobertas no Brasil, como havia em quase todas as colônias espanholas. Os jesuítas provavelmente os tratavam um pouco como neófitos a serem instruídos na fé – um pouco à maneira de trabalhadores contratados. De qualquer forma, seu domínio era preferível ao dos paulistas ou dos plantadores de cana-de-açúcar. O sistema dos jesuítas era o de reunir o maior número de índios que pudessem nos vilarejos. No Paraguai, pelo menos, onde eles tinham que lidar com os dóceis guaranis, seu controle era moderado e de vez em quando eles fechavam os olhos para as cerimônias pagãs que estavam na memória dos índios, já que não havia nada de cruel nelas. No Brasil, os tupis eram de uma raça mais implacável, e os povoamentos que os jesuítas fizeram nunca atingiram as grandes proporções das Reduções no Paraguai,[20] embora desde as primeiras conquistas eles trabalhassem da mesma forma que fizeram no país mencionado anteriormente.

Vincente Monteiro em seu relatório para Mem de Sá, o Governador, fala dos jesuítas sendo aconselhados a juntar (os índios) em grandes vilarejos. Com o passar do tempo e a miscigenação ocorrendo tanto com brancos como com negros, os índios das vilas gradualmente foram absorvidos pela população civil.

Seu caráter natural duro e desconfiado, feroz e sanguinário, não teve o tempo, que teve no Paraguai, para se modificar sob o domínio dos jesuítas. Nenhuma raça em todo o mundo é tão impenetrável como o índio, na reserva com que se arma contra os males da fortuna, luta

---

20 "E os ajuntaram em grandes alldeias." – *Annaes da Bibliotheca Nacional*, Rio de Janeiro, 1906.

contra a tirania ou resiste à opressão, por assim dizer, suportando tudo sem reclamar. Tal raça de homens, reservados, desconfiados, hospitaleiros, vingativos, bravos, cruéis e duros, taciturnos no falar, e pacientes quase nos limites da paciência humana, era quase certa de se impregnar de uma forte fé religiosa. Eles não tinham, como os negros, um Panteão bem-habitado, ao qual adicionar uma divindade ou duas era uma coisa simples, já que o lugar era grande e o recém-chegado tinha amplo espaço para se mover. Sua atmosfera, suas árvores, seus rios e seu mundo em geral não continham uma riqueza de espíritos. Eles não tinham casas de fetiches, e seus amuletos eram poucos, fracos e raros. Sua disposição era a menos animista de todas as raças da humanidade, com a exceção, possivelmente, dos árabes. Suas formas de adoração eram extremamente simples, seus dogmas ainda mais simples, consistindo freqüentemente de um pouco mais do que uma vaga crença em um grande espírito ou do culto ao sol. Eles não usavam nenhum sacrifício humano em sua religião[21] – pelo menos os índios do Brasil não são conhecidos por terem alguma vez feito isso – e geralmente seu ritual consistia em servir uma cabaça de água para o sol ao alvorecer, se fosse a ele que eles adorassem. Nenhum deles tinha ídolos, nem os jesuítas ou os franciscanos, ou quaisquer outros missionários que os conheceram na conquista ou logo depois, jamais fazem menção a alguma coisa próxima do que eles certamente teriam chamado de imagens entalhadas. A maior parte deles parece ter acreditado em um espírito do mal, a ser aplacado de modo usual, com oferendas de frutas e flores, de caça, e geralmente de alguma coisa da qual aquele que oferta não faz grande uso; exceto em alguns casos ele oferecia um arco favorito, ou uma zarabatana, e em casos extremos um dedo de sua mão. Esse espírito, que realmente tinha tanto mais influência em suas vidas do que seu antagonista, o bom espírito, assim como freqüentemente acontece conosco, era chamado Anhangá. Sua divindade era chamada Tupã e, como os primeiros missionários jesuítas

---

21 Canibalismo, entretanto, era amplamente difundido entre eles.

dizem, cultuaram quase igualmente as divindades gêmeas, embora a Tupã fosse atribuída a criação do mundo. Quase todos acreditavam na imortalidade da alma; mas essa crença, apesar de fortemente sustentada, parece ter tido bem pouca influência em suas vidas, muito à maneira das crenças em geral, parece esgotar-se na mera ação de acreditar dos fiéis e é raramente seguida de boas ações. Os tupis parecem ter chegado à compreensão da fé verdadeira – quer dizer, a fé verdadeira como os jesuítas a concebiam – não sem dificuldades.

O batismo por um longo tempo esteva engasgado em suas gargantas, embora para nós pareça um ritual suficientemente simples. Eles pensavam que provavelmente trazia a tosse e os resfriados, uma superstição nada irracional,[22] já que o plano de imersão era comum entre os missionários. A varíola era também quase certa de se contrair após essa cerimônia decisiva.

Padre Lorenzana, escrevendo sobre as tribos do Chaco,[23] menciona uma crença similar e diz que os pobres índios, quando atacados por qualquer doença importada da Europa, procuravam livrar-se dos efeitos do batismo lavando sua cabeça com areia e raspando sua língua com uma concha.

Ocasionalmente, depois da conversão, os tupis alteravam a fé católica para aquela que lhes parecia natural e Southey conta que um jesuíta reclamava que, tendo atrasado sua visitação por dois anos, encontrou um chefe que tinha instaurado uma nova crença em que a Virgem Santa tinha se tornado a esposa de Deus. O jesuíta reclama que esses "hereges" usavam o símbolo da cruz, mas sem veneração, embora eles não expliquem o modo como perderam a veneração devida.

Tudo foi arranjado, como Southey nos conta mordazmente, com a morte do chefe, "pois sua mitologia morre com ele". De fato, quando o cachorro louco morre, a raiva morre também, como diz o provérbio em castelhano.

---

22 Southey, em seu *History of Brazil*, cita essa singular superstição das obras de um jesuíta.
23 Lorenzana, *Gran Chaco de Gualamba*.

Assim, a conversão dos tupis tinha suas dificuldades e, mesmo em suas malocas[24] eram encontrados os germes da heresia, destinados a produzir seu fruto na história religiosa do Brasil.

O que principalmente diferenciava todos os índios selvagens da América de todas as outras raças da humanidade era seu apego a sua liberdade individual.[25] Seus chefes raramente tinham grande autoridade, e geralmente eram escolhidos somente para o período de duração de uma guerra, e mesmo assim não se ocupavam de nada a não ser questões militares. Poucos deles eram polígamos e em suas relações entre os sexos eram singularmente rigorosos; até os brancos, introduzindo a fé verdadeira entre eles, falharam primeiro em compreender eles próprios aquela fé e depois, por seus exemplos, romperam os hábitos da tribo que tinham permanecido desde os tempos mais remotos da humanidade e não deram aos índios nenhuma regra fixa de conduta que eles mesmos observavam. Esse era um fato que o melhor dos conquistadores freqüentemente percebia somente em seu leito de morte, como foi o caso do último dos conquistadores vivos do Peru que tinha acompanhado Pizarro desde a primeira partida do Panamá. Esse homem, de nome Márcio Serra de Lejesama, em sua confissão logo antes de sua morte, endereçada, como ele diz, ao nosso Senhor Rei Felipe II (1589), depois de narrar como foi a profissão de sua fé e expor que tudo o que fez tinha sido mal-feito, registra, "que quando nós desapossamos essas pessoas de suas terras, não havia um ladrão em todo o território, nem nenhuma donzela ou mulher que levasse uma vida infeliz". Isso feito, ele terminou dizendo, "eu

24 Maloca era uma palavra usada para os povoamentos primitivos dos índios. As casas eram geralmente construídas em um quadrado, ao redor de uma praça central e comunicando-se umas com as outras. Essa forma foi adotada pelos jesuítas no Paraguai, ou autorizada a permanecer, nas Reduções, e pode ser vista ainda tanto naquele país como no Brasil.

25 "Caboclo he so paro hoje", é um ditado no sertão que significa que não se pode contar com um índio por mais de um dia e que ele não estará preso por seu empregador para continuar trabalhando.
Em seu conhecido *Down the Orinoco in a Canoe*, Pérez Triana nos conta sobre um índio diante de quem ele estendeu um pano vermelho, machadinhas, pólvora e facas – a riqueza de Potosi para um índio – para convencê-lo a se comprometer a remar por três dias. Tudo foi em vão, e o índio foi embora feliz com sua liberdade.

rogo a Deus para que ele me perdoe, já que eu não sou o último a morrer de todos os conquistadores e descobridores, e agora faço o que eu posso para aliviar minha consciência".[26]

Deve ter havido piores leitos de morte de homens mais devotos do que Lejesama foi, e é esperado que seu Senhor o perdoasse – isto é, se mesmo Ele tivesse o poder de apagar o passado, fazendo-o mesmo como hoje. Muito poucos havia que não precisavam rezar em seus leitos de morte, exceto como nós todos temos necessidade disso. Assim foi o bom Lorenzano de Aldana, que veio com Alvarado para o Peru. Ele por sua vontade deixou toda sua propriedade para os índios, como pagamento antecipado a seus tributos durante a vida natural deles. Ele, com Alvar Núñez Cabeza de Vaca, e Vasco Núñez de Balboa, com uns poucos mais, eram os espíritos iluminados que foram superiores em seu tempo, por sua humanidade.

O curandeiro, embora fosse uma instituição em quase todas as tribos indígenas, representava um papel bem inferior àquele dos feiticeiros em meio aos negros na Costa da África. A atitude dos índios convertidos em relação à religião foi bastante diferente daquela que os negros sempre assumiram. Silencioso e introspectivo como ele era, o índio naturalmente levou sua religião muito a sério. Ninguém nunca ouviu um bando de índios entoando hinos e nada do fervor curioso do negro sequer o prendeu. Por outro lado, o "*credo quia impossibilis*" está completamente em suas veias, e seus padres geralmente o consideram um membro obediente de sua Igreja.

A união dessas estranhamente diferentes idiossincrasias, dominadas pela linhagem mais potente trazida pelos portugueses, produziu uma casta de mente religiosa especialmente apropriada para o crescimento de um gnosticismo rude. Três séculos de isolamento deram

26 Esse Lejesama foi um homem a quem, como sua parte do tesouro inca, foi concedido o sol de ouro do Templo do sol de Cuzco. Ele apostou e o perdeu em um jogo de cartas. Depois disso, ele nunca mais tocou em uma carta em sua memorável vida.
O arrependimento parece ter-lhe chegado tardiamente, como geralmente acontece com a maioria de nós.

muito tempo para esse desenvolvimento. Os sertanejos estiveram todo esse tempo isolados do mundo exterior, em parte pelas circunstâncias e em parte por vontade própria. O Brasil, diferentemente da maioria dos países da América, não foi colonizado primeiro na costa ou na planície entre o mar e as montanhas. Os portos foram construídos e a plantação de cana-de-açúcar entrou nos estados, como a Bahia, que ficam nos trópicos. Então a peculiar configuração do país, o incentivo do espírito de aventura – e os portugueses daqueles dias nasciam exploradores e descobridores – levou expedições a princípio para procurar ouro e prata através de cadeias de montanhas que correm ao longo de quase toda a costa do Brasil a uma distância média de mais ou menos vinte a sessenta milhas; então os criadores de gado os seguiram. Nenhuma das montanhas da Bahia excede quatro mil pés de altura. Os desfiladeiros nunca são mais altos do que de oitocentos a dois mil pés acima do nível do mar. Uma vez ultrapassadas, começa a região chamada sertão, diferente em todos os aspectos das planícies costeiras.

A barreira de gnaisses graníticos, cortada aqui e ali por faixas de areia e giz e diques de rocha basilar eruptiva, impedia a entrada dos primeiros colonizadores no interior desconhecido.

Os índios da costa receberam o ouro que eles tiraram das tribos além das montanhas. Ocasionalmente um índio do interior que vinha para comprar sal, ou atraído pelos relatos que ouvia sobre as novas raças de seres barbudos que montavam estranhos animais que cuspiam fogo e fumaça,[27] falaria do clima frio e da planície atrás das colinas. As pessoas da costa, sufocadas no calor tropical, presas por uma densa parede de vegetação que até parece projetar um cinturão ao redor da região que se estende do oceano até os montes, estavam naturalmente ansiosas para ver o território desconhecido para eles mesmos.

Essas aventuras sempre avançavam de acordo com um plano. Os aventureiros formavam uma companhia conhecida no português bra-

27 Em muitas partes da América, os índios pensavam que o cavalo e seu cavaleiro eram uma só carne e que os tiros de mosquete fossem chamas cuspidas pelo cavalo, de forma que para eles, literalmente, seu pescoço era provido de raio.

sileiro como bandeira. Aqueles que formavam a bandeira contribuíam com armas, dinheiro, comida e cavalos, de acordo com seus recursos; de bandeira veio o termo "bandeirante", tão bem-conhecido na história da conquista do Brasil. Os líderes levavam o nome de sertanistas e alguns deles tiveram aventuras maravilhosas e se tornaram semilegendários, suas façanhas, curiosas e bastante turbulentas, tendo-se suavizado e expandido sob o microscópio do tempo. Nada é mais comum do que ouvir um fazendeiro, em São Paulo ou na Bahia, dizer: "meu antepassado era um bandeirante". Isso dá a ele uma espécie de prestígio, assim como para nós ser descendente de um barão normando ou um chefe *highland* empresta um *status* geralmente tão difícil de comprovar.

Entretanto muitas das expedições dos bandeirantes são históricas e as aventuras que eles enfrentaram e as privações por que passaram são verdadeiramente maravilhosas, especialmente daquelas que se infiltraram na barreira da montanha na primeira colonização de São Paulo e do distante Mato Grosso, cuja firmeza é pouco conhecida, mesmo no presente.

A maioria desses bandeirantes eram paulistas – ou seja, habitantes de São Paulo –, uma raça aventureira que desde o começo deixou sua marca no Brasil.

A partir de meados do século XVI, um bandeirante, um certo Aleixo Garcia, com seu irmão e uma pequena expedição, cruzou o continente e, passando por onde agora é o Paraguai, alcançou a Cordilheira dos Andes, uma viagem que parecia pouco possível, dadas as dificuldades que ele encontraria, o território absolutamente desconhecido que ele tinha que cruzar, a enorme distância e as tribos de índios selvagens nos territórios pelos quais ele era obrigado a passar. Quase se pode crer que, como Fray Marcos de Niza, o monge corajoso que saiu do sul da Califórnia e alcançou Pueblos no Rio Grande, visitando Zuñi e descrevendo-a com os estranhos costumes dos índios, ele deve "ter seguido onde o Espírito Sagrado conduziu". Poucas expedições na história do desbravamento de um novo território passaram por mais sofrimentos do que os breves relatos das bandeiras preservaram para nós. As primeiras bandeiras que deixaram a costa tinham somente as mais vagas noções da rota que iriam seguir para ultrapassar os morros. Um ano ou dois, ou mesmo três anos, era um tempo normal para eles estarem distantes vagando no meio da floresta, atravessando grandes rios, escalando morros, atormentados pelos constantes ataques dos índios, uma presa para qualquer tipo de inseto, que faz da vida na selva de árvores sem-fim, todas juntas amarradas com cipós, um fardo penoso e hostil para o homem. O ouro era a estrela-guia que os atraía para o interior, mas por cem longos anos eles nunca o encontraram até que, finalmente, um tal Bartolomeo Bueno alcançou as ricas regiões mineiras de Goiás, depois de três anos de esforços ineficazes e de misérias. Dois dos melhores bandeirantes eram ingleses e figuram como Antonio Kinvet e Henrique Barroway nos anais do tempo.[28]

Antonio e Henrique parecem ter sido o que eles sem dúvida chamavam de "comerciantes livres", e os brasileiros provavelmente mais claramente chamavam de piratas, por eles terem sido prisioneiros em um "Corsário Inglês" e mantidos por um longo tempo na prisão, seja por conta de suas opiniões heréticas ou suas práticas de pirataria, ou uma mistura das duas coisas. Ao serem soltos, eles se juntaram à bandeira de Correa de Sá, em 1597, e viveram aventuras incríveis no interior. Finalmente eles se estabeleceram como meros criadores de gado e provavelmente se casaram com mulheres tupis, especialmente como Pero Vaz de Caminha, em sua celebrada carta ao Rei em 1580, refere-se a essas senhoras como "Moças bem gentis", e diz que em graça elas devem muito pouco às moças de Lisboa.

Aos poucos o sertão foi sendo povoado e, como o clima era mais frio do que na costa, os colonizadores gradualmente começaram a fazer grandes criações de gado e de cabras. O território, embora não fosse tão aberto como nas províncias do Paraná e do Rio Grande, era rico em pequenas planícies rodeadas por cinturões de vegetação. Essas

---

28 *Revista do Instituto Histórico do Rio de Janeiro*, vol. II, 1878.

são as terras conhecidas hoje como caatingas, famosas pela criação de gado. Dessa forma, o interior foi povoado mais rapidamente do que a costa, que até este dia, como pode ser observado mesmo fora da capital, está separado das montanhas por um denso cinturão de floresta primitiva, dando àqueles que passam por lá não mais do que uma falsa visão da região, em que a civilização parece terminar nas vastas ondas da floresta que se espalha por todos os lados. Os verdadeiros brasileiros da velha escola, os reais descendentes dos intrépidos bandeirantes, são encontrados somente no interior. Lá eles ainda vivem uma vida semipatriarcal e são muito pouco atingidos por todas as mudanças que submetem aqueles que vivem nas cidades, sujeitos a constantes mudanças que os deserdam sentimentalmente das gerações que os precederam. Nas expedições prolongadas dos bandeirantes, o caráter da raça brasileira deve ter lentamente se formado, já que eles passaram suas vidas lutando para penetrar no interior desconhecido.

Como as mulheres européias raramente ou nunca acompanhavam os primeiros descobridores, eles formavam alianças com os índios e, quanto mais distantes eles ficavam da costa, muito menos oportunidades existiam de se misturar seu sangue com a raça negra; dessa forma quase todos seus filhos se tornaram o que se denominava mamalucos – ou seja, meio branco, meio índio – herdando de um lado a tendência portuguesa ao misticismo, e do outro a melancolia e a introspecção do índio, conferindo-lhes a suscetibilidade ao fanatismo que tão freqüentemente se manifestou em Pernambuco e na Bahia durante os últimos trezentos anos.

Os índios e os negros igualmente parecem ter sido vítimas disso, manifestando suas características raciais diferenciadas nas várias revoltas de fanatismo religioso que ocorreram. Essas explosões, afinal de contas, não eram para ser estranhadas quando se estuda a história de Portugal cuidadosamente. Nada parecido alguma vez aconteceu na Espanha; o caráter materialista de seus habitantes preservou-os de revoltas desse tipo. A Espanha produziu eremitas e santos em quantidade. Mas a história espanhola não parece conter nenhuma explicação dos movimentos tais como os liderados pelo fanático místico conhecido como Rei de Penamacor, ou aquele encabeçado pelo homem que se autodenominava o Rei de Ericeira. Essas duas personalidades seguidas por um grupo de discípulos dirigiam-se a lugares solitários nas colinas, peregrinando, sobrevivendo mais ou menos com gafanhotos e mel silvestre, passando o dia escutando o sermão de seus líderes e a noite freqüentemente cantando hinos e em libertinagem. Sua fé era verdadeiramente inconteste. Suas ações não pareciam importar para eles, uma vez que sustentavam sua fé. Assim agiram os seguidores de Montanus e Carpocrates, no século II. "Misticismo", diz Renan em seu *L'Eglise Chrétienne*, "tem sido sempre um perigo moral, por deixar tão facilmente entender que pela iniciação se é liberado dos deveres comuns".[29]

Os gnósticos foram denunciados, talvez por seus inimigos, por terem sustentado que as coisas da carne são carnais e as coisas da alma são espirituais. Uma vez aceito esse axioma, qualquer tipo de conduta é certo; ou, talvez, para ser mais preciso, todos os tipos de conduta; um homem que está de acordo com isso pode ser um asceta em um dia e um libertino no próximo, até que a idade avançada o faça indiferente a ambos.

Afim com essas revoltas de iluminação religiosa sob os dois "Reis" era o credo místico político dos sebastianistas.[30] Essa seita, extinta em Portugal, sobreviveu no Brasil até o ano de 1896, e possivelmente sobrevive até hoje. Dessa forma, os portugueses vieram

---

29 "Le mysticisme a toujours été un danger moral, car il laisse trop facilement entendre que par l'initiation en est dispensé des devoirs ordinaires". – *L 'Eglise Chrétienne*, p. 162.

30 Em minha juventude, eu me lembro de um velho que acreditavam ser um sebastianista, mas ele pode ter tido tanta loucura como o sebastianismo em sua composição. Ele costumava perambular pela província do Minho e pela Galícia, e sentar sobre uma pedra olhando fixamente em direção ao mar pela chegada da frota de Dom Sebastião. Tal crença certamente poderia ter removido uma cadeia de montanhas, mas até onde eu sei não trouxe o rei de volta novamente. Entretanto, o pobre velho sebastianista, sem dúvida, teve sua recompensa, já que a fé é o melhor paliativo para o senso comum – aquele senso comum que fez do mundo um deserto para os sebastianistas.

bem-preparados para aventuras espirituais do Novo Mundo. Chamas misteriosas que saíam de cavernas nos montes, caixões que flutuavam no ar sobre os palácios dos reis, sombrios batalhões de mouros vestidos com albornozes, que de tempos em tempos apareciam e freqüentemente se juntavam em batalhas aéreas com cristãos paladinos, não eram mais que lugares-comuns em suas vidas. O lobisomem (Lobis-Homem), o espírito da noite (O tardo), e o restante dos restos do politeísmo pagão representavam um papel importante entre os camponeses do Minho e de Trás-os-Montes, como até hoje, imbuindo-os de misticismo, superstição ou religião primitiva, de acordo com o ponto de vista de que eles se aproximavam.

Os negros também não estavam muito atrás deles. Seus credos infantis e sangrentos, na verdade, tomam um aspecto muito diferente. Para eles, como em algumas seitas cristãs, o sangue era tudo, e eles deveriam bem ter entendido o ministro escocês de uma época antiga que disse: “Se você tirar o sangue disso, eu não me darei ao trabalho de carregar o Livro para casa”.

Os negros hauçá, na Bahia, somaram a seu credo cristão o ritual ioruba e intruduziram seu fetichismo nos serviços da Igreja, assim como no Haiti, Santo Domingo, e alguns dizem até na Jamaica, o culto a Obi e Vodu ainda prevalecem em meio aos negros às escondidas. Aqueles que viram seus transes, em que depois de um trabalho religioso eles se abandonam a toda libertinagem da dança fálica em seus candomblés, podem testemunhar quão bem adaptados eles estão a todos os tipos de fanatismo religioso, entusiasmo, renovação, ou algo que os coloque naquele estado de excitação dos sentidos em que a mente pára de trabalhar ou trabalha subserviente aos nervos. Em Pajeú, um distrito do estado de Pernambuco, fica uma montanha em uma cadeia conhecida como Serra Talhada, que domina milhas da região por todo lado. Uma massa cinza granítica, que tem algo de majestoso em sua aparência, elevando-se a partir da planície. Nela há uma pedra isolada, com a forma de algo como um púlpito, conhecida como A Pedra Bonita. Esse lugar em 1837 era o teatro de cenas que recordam todas as piores atrocidades dos ashantis, em seu culto ao demônio.[31] Em 1837, um cafuz, alguns dizem um mamaluco, mas de qualquer forma um monomaníaco religioso, que é chamado Iluminado em português, e em espanhol um *Alumbrado*, arrebanhou a maioria da população das vilas vizinhas. Quem ele foi ainda é incerto, mas evidentemente ele possuía o que é requisito em tais ocasiões – fé em si mesmo e um interminável fluxo de palavras. É possível que sua fé fosse genuína, pois quem pode julgar o coração? De uma coisa não pode haver nenhuma dúvida: seus sermões eram intermináveis. Sobre o bloco de pedra, um mundo novo, ele permanecia, John de Leyden, pregando a vinda do Rei Dom Sebastião, ele que caiu no campo de Alcácer-Quibir. Ele profetizava que a pedra deveria ser cortada em degraus; não com ferramentas da terra, mas polida com o derramamento do sangue de crianças. Acima desses degraus, tão miraculosamente preparados, rodeado por sua guarda de honra, vestido de armadura, o Rei, que tinha estado morto por trezentos anos, deveria ascender e voltar a ser ele novamente, reinando em Portugal e no Brasil, e recompensando abundantemente aqueles que tinham sido fiéis a ele e por sua fé contribuíram para seu desencanto. Não se queria mais nada; o sertão todo, de Pajeú até o Rio das Éguas, em Pernambuco, Piauí, Bahia e Ceará, estava tudo convulsionado. Uma agitação nervosa parecia se comunicar com todos. Os vaqueiros rudes, todos vestidos de couro, com seus casacos espessos feitos de couro de veado, suas compridas e duras perneiras, e seus chapéus redondos baixos, dando a eles um ar de homens armados medievais, chegando por todo lado. Montados em seus pequenos cavalos furiosos, e cavalgando no furta-passo medieval – que é tão fácil que o cavaleiro pode carregar em sua mão um copo de água e não derramar nenhuma gota –, carregando seus bacamartes, arma antiga de boca larga, sobre suas selas, cinturão com uma espada enferrujada, ou com sua faca longa de ponta afiada, que eles chamam jacaré,[32] ou faca

31 Euclides da Cunha descreve isso em seu livro *Os Sertões*, Rio de Janeiro, 1917.
32 Jacaré é uma palavra guarani.

de Parnaíba, presa nos cintos, eles chegaram, e se sentaram ao lado de seus cavalos ouvindo o pregador, e acreditaram. Crença para eles era fácil como é tão freqüente se a coisa a ser acreditada é inacreditável. Negros e mestiços em todas suas variações de cor, índios, cafuzos, mamalucos, caboclos e homens de todas as tonalidades de cor que confundem, reunidos na Pedra Bonita. Uma multidão de mulheres – todas uma presa da misteriosa agitação que em tais casos, seja nas renovações em Porto Glasgow, encontros no campo nos Estados Unidos, ou peregrinações para lugares sagrados na Calábria, parece transformá-las, fazendo-as tão irresponsáveis quanto as bacantes do mundo antigo – vieram através das passagens das montanhas, seguiram as trilhas através das florestas virgens e se reuniram para ouvir a palavra pregada no maravilhoso púlpito feito por mãos não humanas. Infelizmente elas trouxeram seus filhos consigo. Então, ergueu-se um frenesi religioso além da crença, como estavam ouvindo as palavras do Iluminado cafuz ou mamaluco – já que a história não preservou seu nome –, mulheres lutavam umas com as outras para ver quem deveria ser a primeira a oferecer seu filho, para que seu sangue trincasse a pedra e formasse a escada sagrada, pela qual o Rei, o longamente lamentado Dom Sebastião, deveria ascender em glória, trazendo de volta a paz e fartura sobre a terra.

Um historiador[33] de senso comum mas cuidadoso diz que por dias correu sangue das rochas. Esse homem, destituído de fé e altamente incapaz de elevar-se à compreensão das alturas para as quais o cafuz (ou mamaluco) tinha transportado seus arrebatados ouvintes, informa-nos, quando a "lúgubre farsa"[34] tinha terminado, que tão grande era a quantidade de sangue derramado pelos fiéis que o lugar havia se tornado desagradável e tinha de ser abandonado, até que uma Natureza purificante trabalhasse uma cura sobre ele. Os eventos que aconteceram na Pedra Bonita foram talvez os mais aterradores de

33 Araripe Júnior, em seu *Reino encantado*.
34 "Lúgubre farsa" é o termo usado por Euclides da Cunha em sua descrição do sacrifício em seu livro *Os Sertões*.

todos na história do Brasil; mas muito antes disso, no século XVII, na cadeia de montanhas de Piquaraçá perto de Jacobina, na Bahia, um missionário, um tal Apolônio de Todi, vindo de uma missão no norte, ficou tão impressionado com a semelhança da montanha com o Monte Calvário que resolveu construir uma capela ali. Felizmente para as crianças daquele tempo, o missionário não era nem cafuz nem mamaluco, mas somente um monge bem-intencionado e visionário. Seu primeiro procedimento foi mudar o nome Piquaraçá para Monte Santo. Daí, pregando para os rudes sertanejos, ele os mobilizou, não no nível do sacrifício humano, mas para ajudá-lo em seu plano. Tão bem ele trabalhou, e tão apoiado pelo sensível folclore do sertão, que em pouco tempo no cume do pico mais alto uma enorme igreja era construída.

Uma Via Sacra de três quilômetros cortada na rocha sólida, dessa vez com picaretas e pás comuns, com vinte e cinco pequenos oratórios como estações da cruz, conduzia até lá. Não se desejava outra coisa a não ser um milagre para tornar o lugar respeitável e trazer peregrinos de todos os lugares do país. Os fiéis sertanejos não tiveram que esperar muito, pois, no devido tempo, algumas letras místicas de tamanho gigante, um A, um L e um S, culminando em uma cruz, foram encontradas cortadas na rocha.

Os sertanejos fizeram o resto, depositando sua fé e devoção simples na ação comum; assim Monte Santo logo se tornou conhecido.

Na Semana Santa, quando das vilas remotas no sertão os vaqueiros e suas famílias se aglomeram na feira sagrada, a cena faz lembrar a Idade Média. Tais explosões de devoção, tal intensidade absurda da fé, são raramente vistas em um mundo onde os educados voltam-se para o consolo espiritual de preferência com cristalomancia ou quiromancia em vez de superstições vulgares como as que satisfazem os simples vaqueiros do sertão.

A cena é maravilhosa, com sua grande quantidade de soldados, seus rebanhos de cavalos pastando soltos ou amarrados, os tipos de homens estranhos, antigos e medievais, e o vasto panorama se propagando sobre léguas de montanhas, oceanos de floresta tropical, e com o mar cintilante a uma longa distância, sua espuma batendo na praia rodeada por palmeiras. O pregador tem sucesso no sermão, e sob a eloqüência feroz de alguns monges iluminados, ou vaqueiro inspirado, aos poucos a excitação movimenta a multidão em um excesso de fervor piedoso, que faz lembrar cenas que aconteceram quando a fé era primeiramente difundida entre os gentios ou quando Maomé movimentou as almas dos rudes Árabes nos desertos de Hejaz.

O monge Apolônio não teve sucessor de gênio semelhante ao dele, embora de vez em quando algum mamaluco ou cafuz apareça e se esforce para seguir seu exemplo.

O último e maior de todos eles foi Antônio Conselheiro, cuja vida e milagres, como a frase que está em Vidas dos Santos, eu espero que essa introdução possa explicar, ou pelo menos tornar possível a compreensão àqueles que nunca ouviram falar dele, ou da curiosa região onde ele viveu, pregou e teve sucesso por um breve período, e então, tendo pretensões de ser um salvador, como diz o triste ditado castelhano, encontrou o destino do salvador.

CAPÍTULO 1

Em 1889, quando o Imperador Dom Pedro II deixou seu trono e a República foi proclamada, era inevitável que em regiões remotas e medievais como o sertão houvesse ainda muita hostilidade à nova forma de governo.

As novas idéias não só eram repugnantes para eles, mas eram quase incompreensíveis para homens que, embora o governo vigente nunca fosse muito claro em suas vidas diárias, ainda sustentavam a teoria de vida patriarcal em sua totalidade.

Não se deve supor que eles tivessem nenhuma lealdade excessiva a Dom Pedro como homem; mas muito provavelmente o julgavam como algo indispensável. Tal como seus padres olhavam para o Papa como seu guia espiritual e chefe, sem se preocuparem muito com sua existência, assim os sertanejos consideravam o Imperador no sertão. Além do mais, os padres lhes inculcariam o respeito à monarquia por sentimentos de uso e costume em parte pessoais e em parte eclesiásticos. A igreja, nós sabemos, adapta-se a todas as formas de governo vendo imediatamente que, se é possível comandar ou escravizar (de acordo com o ponto de vista do leitor) a mente, todo o resto é insignificante e que o republicano pode contribuir para o ofertório tão generosamente como o melhor crente no direito divino dos reis.

Esse sentimento de apreensão em relação ao novo governo, o misticismo do povo, demonstrado na crença no retorno de Dom Sebastião à terra, e o medo de que a República significasse a destruição de toda religião, tenderam a tornar os habitantes do sertão especialmente sensíveis a qualquer movimento, fosse religioso ou político, durante o período compreendido entre a abdicação do Imperador e a afirmação do novo governo. Das profundezas da superstição e da violência, Antônio Conselheiro surgiu para mergulhar todo o sertão em um eretismo de fanatismo religioso e de sangue.

Seus ancestrais foram homens violentos, embora sem dúvida crentes fervorosos; subservientes a seus padres, cantores de novenas em suas casas, honradores de seus pais e mães, e de fato não muito diferentes dos *Highlanders* escoceses do século XVI, exceto pelo fato de que eles eram muito mais fervorosos em sua fé. Para completar a semelhança, a ordem do Imperador tinha tão pouca força no sertão como tinha a do Rei para além da Passagem de Aberfoyle no tempo de Rob Roy.

Embora na Bahia, a apenas duzentas milhas de distância, a vida moderna estivesse bem-estabelecida, com telégrafos e telefones e iluminação pública nas ruas e bondes, essas coisas eram completamente desconhecidas e quase insuspeitadas para o homem comum. Quando o sertanejo vinha para a cidade – e a cidade para ele não era a Bahia, mas Juazeiro, Jacobina, Queimadas, ou algum outro pequeno centro local –, enfiava sua espada nas correias da sela e, ou usava um par de pistolas antigas no arção da sela, ou carregava em sua mão um bacamarte. Ele nunca saía de casa sem estar armado até os dentes, e mesmo em casa, quando colocava o chapéu, também enfiava seu "jacaré"[1] no cinto.

Assim o *Highlander* de antigamente era um ser diferente de qualquer *Lowlander* pelo fato de andar sempre armado. Como Addison e Rob Roy McGregor brilharam na mesma época, também Antônio Conselheiro e o Imperador cientista, Dom Pedro de Alcântara, seguiram suas contrárias inclinações ao mesmo tempo no Brasil. Como costuma acontecer em regiões do interior,* famílias poderosas estavam brigadas e faziam a guerra mutuamente. Esse era o costume até outro dia, no oeste do Texas, Kentucky, na Calábria, na província espanhola de Valência e em Córsega. Embora o sertão se estenda por

* O autor usa *back-lying* e afirma em nota: "Esse escocesismo evita o ofensivo *hinterland* alemão". Em espanhol foi traduzido como "regiões atrasadas". (N. T.)

1 Jacaré. Facão. Literalmente "jacaré", palavra do guarani.

vários estados da República do Brasil, como Bahia, Pernambuco, Ceará e Piauí, os costumes são idênticos em todos os estados, e o sertanejo prefere se considerar como tal do que como habitante de províncias diferentes. Assim no sertão do Ceará, nas zonas agrestes que se estendem entre Quixeramobim e Tamboril, as famílias Maciel e Araújo mantinham toda a região em confusão com suas rixas. Antônio Conselheiro provinha da família Maciel.

Os Maciéis eram pobres mas numerosos e se sustentavam com a criação de gado em pequena escala. Eles parecem ter sido também pequenos proprietários de terra e, como seus contemporâneos afirmam, todos eles eram homens enérgicos e atléticos, que levavam a vida comum dos vaqueiros, vestidos de couro e sempre andando armados. Os Araújos eram provavelmente muito pouco superiores a eles em educação e cultura. Sua vida diária era parecida à dos Maciéis – sua vestimenta, seu hábito de sempre andar armados e sua fé religiosa. A diferença estava em suas posses, já que os do clã dos Araújos eram proprietários de terra e criadores de gado em grande escala.

Suas casas eram provavelmente como as que eu vi muitas vezes em todas as cidades do interior do Brasil. Rodeadas quase sempre por uma porção de mangueiras ou laranjeiras, compridas, baixas e amarelas, com telhados vermelhos, tal como se vêem ainda no Brasil e em lugares afastados de Portugal, e datavam possivelmente dos primeiros tempos da colonização do sertão. Atrás delas se estendia um ou dois campos de milho indígena ou mandioca (conhecido como uma "roça"), com tocos de árvores cortados ou queimados, espalhados por toda a plantação. A caatinga[2] provavelmente chegava até os currais das vacas, de um lado, e na frente se estendia uma pequena campina, cercada por palmeiras anãs; e ali pastava seu gado, suas mulas e cavalos, e talvez algumas cabras.

Deve ter havido um pequeno pomar de bananas ou goiabas e uma ou duas palmeiras altas perto de casa. O ar trazia dos currais um

2 Arbusto, em guarani.

cheiro acre, não desagradável quando você se acostuma a ele, e não muito diferente do cheiro de turfa que paira sobre o prado das Terras Altas da Escócia nos vales mais afastados. A casa muito certamente tinha algo de oriental em sua configuração e em seu ar. Passando a cerca e os vários postes onde você amarrava seu cavalo, você chegava à porta da frente, feita como as de Portugal ou da Espanha, que girava sobre um sólido gonzo preso a um orifício no dintel – um modelo que os mouros deixaram na Península. Na ausência de ferro, as fechaduras muito comumente eram de madeira, como as usadas em Fez, dez ou doze anos atrás. A porta da frente se abria para o saguão, a passagem para o pátio interno, encontrado em todas as casas antigas, tanto em Portugal, na Espanha ou em suas colônias. Os quartos estavam dispostos à direita e à esquerda do pátio, e neles havia duas ou três cadeiras antigas com encosto alto e assento de couro, em volta de uma mesa de madeira escura e resistente. Sobre ela ficava um pote de água poroso, transpirando frescor pelos lados, ladeado por uma ou duas pesadas taças de prata. Seis ou sete Vidas de Santos, impressas em Coimbra e com capas em pergaminho, com laços e ilhoses (nos quais conchas lisas gastas pelo manuseio serviam como botões), junto com um Livro de Horas, formavam habitualmente a biblioteca.

Seguramente haveria dois ou três escravos negros e uma dúzia de cachorros marrons vadiando perto da porta da frente, ou do outro lado da cerca. Para completar o ar oriental, você poderia ficar uma semana dentro da casa sem nunca ver as mulheres, embora você as ouvisse e tivesse certeza de que elas o haviam observado uma centena de vezes, através de buracos invisíveis.

Os Araújos, ou qualquer família que possuísse uma casa como essa que eu acabei de descrever, tinham um estilo de vida simples, mas com plenitude. Seus rebanhos e pastores, seus campos cultivados e arvoredos de laranjas e de bananas proviam-lhes de alimento. O alimento era abundante, se não exuberante, já que de vez em quando eles matavam um boi e secavam a melhor parte da carne em tiras finas e compridas, que eram chamadas "charque" nas planícies, e no sertão "carne-de-vento", que literalmente significa carne seca ao vento. Essa carne seca ao sol ou ao vento não é de sabor desagradável quando frita ou feita em um cozido que os brasileiros chamam "angu", feito com charque e arroz, com pedacinhos de abóbora por cima. Tudo isso é colocado em uma pirâmide sobre o prato e parece um pouco com os cozidos que os mouros comem por todo o norte da África. Os homens se reuniam na sala de jantar e se sentavam em uma mesa comprida e rústica, os mais velhos na cabeceira, ao estilo patriarcal. Meninas mulatas, com suas camisas soltas nos ombros e sapatos como os usados pelos mouros que batiam no chão com o movimento dos pés, começavam a servir a comida, carregando-a acima de suas cabeças em travessas de barro ou madeira, ou talvez de prata nas famílias mais ricas. Degustado o angu, feijões pretos e toucinho vinham em seguida; esse prato é chamado "feijão" e em todos os lares do Brasil faz o papel do *porridge* na Escócia, da sopa na França, ou do macarrão entre os italianos. Farinha de mandioca fina é polvilhada sobre ele para torná-lo mais espesso e mais saboroso. Essa farinha é freqüentemente chamada de "farinha do pão"* e tem gosto de pó de serragem para os paladares não acostumados a ela, mas é muito nutritiva. Depois dos feijões com toucinho e do angu, servia-se arroz cozido no leite e polvilhado com canela em abundância, tão certo como o dia se segue à noite. Algumas vezes isso poderia ser variado com "canjica", que é milho cozido no leite, considerado uma grande iguaria, e tão apreciado no Brasil que as pessoas do interior têm um ditado: "A canjica borra tudo".[3] Quando tudo estava acabado, charutos e cigarros caseiros, enrolados em palha de milho, eram acesos e uma moça trazia uma bacia de prata cheia de água e uma toalha comprida com franjas nas pontas para secar as mãos, depois de serem lavadas em estilo oriental derramando água sobre elas. Café forte nativo e "cachaça", que é uma bebida alcoólica feita de cana-de-açúcar, muito provavelmente em casa, encerravam a refeição. Então os convi-

* O autor explica em seguida "farinha de pão": "que quer dizer farinha da madeira". Provavelmente confunde "pão" com "pau", devido à sonoridade próxima entre as duas palavras. (N. T.)

3 A canjica supera qualquer outro prato.

dados se retiravam para suas redes para fazer a sesta, que durava uma hora ou duas. Depois da refeição noturna, eles se reuniam para rezar o terço, e então se retiravam para descansar. Se na manhã seguinte, depois de se levantar (sempre ao amanhecer) você encontrasse um negro no corredor ou a sua porta, ele pegaria sua mão e a beijaria, ou pediria sua bênção, que você concederia tão solenemente quanto possível; já que recusar seria uma ofensa terrível, tanto para o próprio homem como para as boas maneiras; e sobre as boas maneiras a geração mais velha de brasileiros, por assim dizer, construiu sua igreja.

Poucas flores eram cultivadas, exceto nas casas mais ricas, e mesmo assim elas geralmente eram boninas, ou algumas trepadeiras exuberantes que subiam pelos muros. Abóboras eram os principais vegetais nas fazendas de gado, embora perto da costa eles fossem mais abundantes, como as batatas-doces, quiabos e muitos outros comuns no Brasil.

Essas famílias patriarcais, embora vivessem com simplicidade, eram cheias de orgulho da raça e da família e controlavam a magistratura local com punho de ferro. Assim quando os Araújos perceberam que sua superioridade não era reconhecida pelos Maciéis, sua fúria não teve limites.

O coronel João Brígido dos Santos nos deixou um relato de como a rixa começou e é interessante como isso serve para mostrar de que cepa Antônio Conselheiro nasceu. À maneira da maioria dessas rixas entre clãs, seja nas antigas Terras Altas da Escócia, ou em qualquer outro lugar, o roubo de gado era a primeira desculpa.

O coronel dos Santos descreve os chefes da família Maciel como "homens vigorosos e simpáticos, de boa aparência, confiáveis e servis", e insinua que acusações feitas contra eles pelos Araújos não eram baseadas em provas, mas meramente constituíam um pretexto, e que a verdadeira razão de sua inimizade era que os Maciéis, embora pobres, questionaram a supremacia da família mais rica. Pode ter sido; mas o que é certo é que os Araújos, por insultos reais ou imaginários, juntaram seu clã e atacaram seus inimigos. Ao contrário da expectativa geral, eles foram expulsos e derrotados.

Os Maciéis tinham reunido todos seus partidários e estavam preparados para levar fogo e sangue aos territórios inimigos. Como tudo isso aconteceu em 1833, o fato mostra-nos um panorama da vida no sertão daquele tempo que é idêntica àquela das fronteiras da Escócia nos dias de James I. Substituindo Johnstone e Jardine por Araújo e Maciel, e trocando o cenário da seca e a maldição do sertão pelas úmidas florestas de Durisdeer ou Annandale, e sua semelhança é completa.

Os Araújos, depois da derrota, uma presa da fúria e desapontamento e temendo ou relutando em se envolver em mais uma luta aberta, procuravam homens para delegar sua vingança e seu ódio. Tais homens nunca são difíceis de encontrar, mesmo hoje, no sertão.

José Joaquim de Menezes, um homem de Pernambuco, renomado por feitos de violência e sangue, e um bem-conhecido assassino, um certo Vicente Lopes, de Aracatiaçu, ofereceram seus serviços. Esses malandros, sob a liderança de um certo Silvestre Rodrigues Veras, um parente de Araújo da Costa, chefe do clã, reuniram todos seus companheiros e seguidores e atacaram seus inimigos à noite. Eles secretamente rodearam a casa onde morava o chefe dos Maciéis. Como qualquer resistência era impossível, os Araújos enviaram um homem para dizer aos Maciéis que lhes poupariam a vida se eles se rendessem sem lutar. Tomados de surpresa, eles concordaram, depois de ter assegurado a promessa de salvar suas vidas. Como era de se esperar, a promessa não foi cumprida. Ao final da primeira jornada de viagem, os prisioneiros foram assassinados a sangue frio. Entre eles estava Antônio Maciel, o chefe de seu clã. Esse homem era avô de Antônio Conselheiro e parece ter sido completamente inocente na questão dos roubos de gado de que foi acusado. Assim, pelo menos, diz Manoel Ximenes em suas *Memórias*, praticamente a única evidência documental que foi preservada desses curiosos incidentes.

O tio de Antônio, Miguel Carlos, conseguiu escapar. Amarrado como ele estava e com as pernas presas sob a barriga de seu cavalo, sua fuga parece difícil de explicar, a menos que, como aconteceu com Rob Roy Mc Gregor em uma situação difícil como essa, ele tivesse um amigo em meio aos adversários para desfazer as amarras para ele.

Se esse foi o caso ou não, uma coisa é certa, que a perseguição a ele foi instantânea e bem-amparada. Os perseguidores estavam montados em seus melhores cavalos e eram homens acostumados a todos os aspectos da vida na fronteira. Como eu ouvi de um rastreador nas províncias do norte da República Argentina dizendo sobre si mesmo, para eles, "o deserto era um livro aberto". Muito provavelmente, todos eles conseguiam seguir um rastro a galope curto, sem desmontar, quando corriam livres em campo aberto. Para esses homens, estimulados pelo desejo de vingança e pelo ódio, a captura do fugitivo era certa. Ele, estando acompanhado por sua irmã, tão conhecedora da fronteira como ele mesmo e uma habilidosa atiradora, empregou todas as artimanhas de tais homens quando são perseguidos. Os irmãos atravessaram rios, voltaram para a trilha, confundiram-na pisando nas pegadas um do outro e arrastando galhos de árvores nas mãos atrás de si. Eles incendiaram a pastagem à frente deles e cruzaram os trechos queimados pisando em pedras e galhos de árvores queimadas. Tudo foi em vão; no final, exaustos, eles se esconderam em uma cabana abandonada.

Em pouco tempo, seus inimigos apareceram como cães de caça em um rastro quente. O dia estava amanhecendo quando os intrépidos irmãos viram-se encurralados e decidiram vender suas vidas pelo preço mais alto.

Miguel Carlos estava ferido no pé. Apesar disso, com sua arma na mão e uma faca afiada entre os dentes, ficou na porta, na frente de sua irmã, para enfrentar seus inimigos. Seu primeiro tiro matou Teotônio, cujo corpo caiu contra a porta aberta, impedindo que ela fosse fechada. Quando estava lutando para fechá-la e arrastar o corpo do homem morto para fora, a irmã caiu, perfurada por uma bala no peito. Então Pedro Veras, o líder do bando de ataque, avançou correndo, somente para cair perfurado por uma carga de disparos feitos por um bacamarte de dentro da cabana. Isso deu a Miguel Carlos um momento de descanso, do qual ele tomou plena vantagem, mantendo fogo intenso. O próximo ato era aquele esperado na luta de fronteira – os agressores conseguiram colocar fogo no teto.

O homem que estava dentro, já desesperado, também recorreu a uma velha artimanha da fronteira. Enchendo um jarro de barro com água, lançou-o sobre as chamas. Imediatamente um vapor denso se ergueu. Coberto por ele, e disparando enquanto corria, com sua faca na mão esquerda, saltou sobre o corpo de sua irmã e, atravessando o cerco de seus inimigos, desapareceu na floresta. Ou os atacantes tinham tido matança suficiente, ou Miguel Carlos Maciel cobriu tão bem suas pegadas que eles não o perseguiram e, se o fizeram, não conseguiram encontrar seu rastro. Pode ser que eles o tenham considerado alguém que não valia a pena perseguir, um mero "pé rapado", ou um vagabundo, incapaz de causar algum dano.

Nisso eles se enganaram pois, alguns meses depois, um membro da família Araújo, quando estava a caminho da igreja para se casar com uma dama rica daquela redondeza, caiu mortalmente ferido por uma bala, disparada de uma emboscada de Miguel Carlos, que assim vingou sua irmã e seus amigos.

Uma outra irmã, Helena Maciel, juntou-se a ele e foi valiosa pois dava exatamente a informação dos planos de seus inimigos.

Os irmãos viviam escondidos na mata, embora de vez em quando eles saíssem corajosamente e matassem ou tentassem matar seus inimigos, que se arriscavam igualmente. Em uma ocasião, em uma pequena loja da região, Miguel Carlos encontrou um homem que ele suspeitava ser um espião de seus inimigos. Imediatamente fez amizade com ele e, quando eles cavalgavam para fora da cidade, na primeira esquina, Miguel Carlos cravou-lhe uma faca nas costas e o deixou morto na estrada.

Inumeráveis foram as aventuras e crimes em que Miguel Carlos e sua irmã estiveram envolvidos, mas como o nadador no fim é sempre levado pelo mar – pelo menos é o que diz o provérbio árabe – em um lugar como o sertão, seu destino era certo.

Um dia ele foi se banhar em um riacho próximo de uma pequena cidade chamada Cotovelo, acompanhado de alguns de seus amigos. Depois de se banharem, sentaram-se na areia para se vestirem, quando de repente saiu de um denso juncal um bando dos Araújos que abriu fogo contra eles. Seus amigos, pegando suas roupas, lançaram-se na parte mais densa do juncal, deixando Miguel Carlos sozinho na praia.

Vestido apenas de ceroulas e com uma faca na mão, ele correu em direção a uma casa sob uma chuva de balas que não acertaram o alvo. Alcançou a casa, abriu a porta e caiu mortalmente ferido, mas ainda segurando sua faca. Manoel de Araújo, chefe do bando de assassinos, apunhalou-o quando ele caiu no chão. Com seu último suspiro, Miguel Carlos saltou e enterrou até o fundo sua faca na garganta do adversário.

Os dois caíram mortos, um sobre o outro, e Helena Maciel irrompeu carregada de armas, pisou no rosto do assassino de seu irmão e conseguiu escapar. Por muito tempo, ela percorreu a região furiosamente e uma vez mais assassinou outra vítima para vingar a morte de seu irmão. Essa foi a última de suas façanhas e dessa vez ela não executou sua vingança pessoalmente, mas deixou isso para um bando de assassinos pagos que atacaram um parente dos Araújos e bateram nele tão barbaramente até matá-lo. Helena parece ter ficado satisfeita de ter feito o bastante e viveu tranqüilamente até uma idade avançada.

A briga ainda continuou e as duas famílias por muitos anos dizimaram uma à outra de forma equitativa. Um dos poucos sobreviventes foi Vicente Mendes Maciel, pai de Antônio Conselheiro, que não parece ter se empenhado em continuar a rixa.

O coronel João Brígido[4] o descreveu como um homem irascível, porém de grande honradez, meio visionário e desconfiado ao extremo. Ele deve ter sido um homem de alguma capacidade, embora completamente iletrado, apesar do que ele se dedicou muito ao comércio, mantendo todas suas contas e registros de seus interesses na memória, já que ele não sabia ler e escrever nem tinha o mínimo conhecimento de aritmética. Nesse ambiente, o jovem Antônio Mendes Maciel cresceu, vendo por todos os lados atos de violência e sangue. A região onde ele morava era certamente uma escola estranha para que dali surgisse um

4 Em *Crimes célebres do Ceará. Os Araújos e Maciéis.*

jovem como ele. Seus tios estavam todos envolvidos na violenta rixa com os Araújos e desse modo ficou impregnado, sem dúvida, de ódio pelos ricos. Alguns de seus parentes mais próximos tinham sucumbido na rixa e então suas mais recentes recordações devem ter sido tingidas com pensamentos de vingança. Ao mesmo tempo, muitos dos combatentes, de ambos os lados, eram provavelmente homens imbuídos de profundos sentimentos religiosos, de um modo peculiar. Todos eles acreditavam em presságio e de alguma maneira eram místicos, ou pelo menos visionários, vendo intervenções sobrenaturais em eventos naturais e com os nomes de Jesus e todos os santos sempre em seus lábios.

Tudo isso o preparou, sem dúvida, para uma vida singularmente diferente daquela de um homem nascido no século XIX. Sua educação foi superior à de seus parentes, recebida muito provavelmente dos padres, que certamente lhe inculcariam ódio às idéias republicanas, lealdade à monarquia e respeito por todo tipo de tradições antigas. Suas leituras certamente estavam restritas a vidas de santos, livros de religião e o breviário.

O que encontrou na atmosfera do sertão foi o sebastianismo, que ninguém questionava, e a vida toda que levou o conduziu para o misticismo. Tudo parece ter trabalhado conjuntamente para preparar um homem destinado à notoriedade no sertão, quando ele emergisse de sua obscuridade.

CAPÍTULO 2

Antônio Vicente Mendes Maciel nasceu no sertão do Ceará, em um pequeno povoado chamado Quixeramobim, cerca de 1842; mas não se conhece a data com exatidão. O apelido de Conselheiro ele adquiriu anos mais tarde, depois de ter alcançado fama no sertão.

Parece ter recebido uma boa educação, dito isso em relação às circunstâncias em que chegou ao mundo. Como muitos homens destinados entre seus pares a alcançar proeminência para além de sua vida, foi um jovem tímido e retraído, avesso a misturar-se com seus companheiros de brincadeiras e outros meninos. Seu pai empregou-o como caixeiro ou administrador de seu estabelecimento comercial em Quixeramobim, e raras vezes ele se afastou da casa paterna, onde cumpriu suas obrigações com fidelidade e dedicação.

O caráter irascível do pai não parece ter-se manifestado no filho, em sua juventude tranqüila ou nas comoventes cenas das quais estava destinado a participar durante toda sua vida, cheia de altos e baixos. Pelo contrário, seu temperamento parece haver sido bastante imperturbável, estável e tranqüilo, com boa parte da inevitável obstinação de que todos os mártires devem estar plenamente dotados.

Embora seguramente deva ter ouvido mil vezes seu pai comentar com amigos sobre a trágica história da família, Antônio Maciel, até onde se sabe, não parece ter sido afetado nem um pouco por ela. Tinha o caráter de um jovem retraído, ocupado somente com os negócios de seu pai. Passava seus dias na escrivaninha e nada parece tê-lo preocupado, exceto o cuidado de suas três irmãs, inteiramente sob sua responsabilidade desde a morte de seu pai, em 1855.

Podemos imaginá-lo vestido com calças de brim e jaqueta de alpaca, absorto nos pequenos detalhes de um estabelecimento comercial de aldeia, sendo suas diversões um passeio ao redor da praça ao entardecer ou, uma tarde ou outra, uma visita a um vizinho do campo, a uma légua ou duas dali, montado em uma mula.

Sua verdadeira vida era, seguramente, a do espírito; e na pequena igreja feita de adobe, com seu pequeno campanário sobre a porta, sem dúvida estaria horas ajoelhado em êxtase diante do Bom Jesus, sua Mãe Bendita ou Santo Antônio, esse venerado filho de Portugal. Apresentar-se-ia sem falta na casa de algum vizinho durante as novenas e entoaria com fervor os hinos, e em seu lar nunca se esqueceria do rosário antes de dormir.

A vida em um pequeno povoado do Brasil deixa muito tempo para a contemplação e, quando algum frade pregador vinha em missão, sem dúvida o reservado comerciante assistia seus ofícios e ficava atento a suas palavras. O próprio povoado oferecia poucas ocasiões de lazer que pudessem tê-lo atraído. Os entretenimentos do lugar, herdados de velhos tempos, eram uma briga de galos algum domingo e, de vez em quando, o que se chamava uma "encamisada", em que os jovens, montados em seus melhores cavalos, faziam uma simulação de combate, com um bando vestido de branco para representar os mouros, um costume medieval trazido de Portugal. Algumas vezes, em dias de festas, deve ter jogado argolinha; mas esse não é um esporte pelo qual um garoto introvertido, introspectivo, possa ter se interessado.

Até 1858, nada deu sinal de que o meticuloso comerciante seria chamado a cumprir o papel que o destino lhe havia reservado em seu distante e solitário cenário. Sem dúvida, o sangue indomável de sua família só estava adormecido e, embora nunca tenha se manifestado da forma como o fez em seus tios e avô, era certo que o estigma apareceria.

Seu casamento em 1858 transformou-o completamente. Os hábitos de vida sedentária foram deixados de lado e se envolveu em uma carreira de idas e vindas e mudanças de cena que no final converteram-no em um exilado e talvez descontrolaram sua mente. Sua mulher, cujo nome a história não conservou, parece ter sido totalmente inadequada para ele. De temperamento violento e caráter dissoluto, parece impossível que um jovem sóbrio possa ter se apaixonado por ela, salvo, talvez, da forma como uma solteirona prende-se a uma caveira. Sua própria diferença com relação a ele pode tê-lo atraído.

Desde o princípio, sua esposa parece ter-se entregado a aventuras amorosas. Ele a perdoou uma e outra vez. Não adiantou nada já que, como diz o provérbio espanhol, "a cabra tende ao monte".[5]

Fosse para afastar sua mulher das más companhias, ou devido à notoriedade alcançada pelas incursões dela ao reino de Citerea, Antônio Maciel deixou o estabelecimento comercial do pai e o povoado em 1859 e foi embora para outro povoado chamado Sobral, onde conseguiu novamente um emprego de caixeiro. Ali por um tempo anotou

5 "La cabra tira al monte".

devidamente no livro-caixa sacos de feijão preto e farinha de mandioca, tabaco e charque, tonéis de açúcar e rum, junto com freios e rédeas, selas, pólvora e todos os demais itens próprios de um estabelecimento comercial brasileiro, e sem dúvida liqüidou suas contas até a última porção de cobre de um milréi,[6] ou ainda de um tostão.

Permaneceu por um tempo muito breve em Sobral e se foi para outro lugar chamado Campo Grande. Dali passou a Ipu, outro povoado do sertão do Ceará. Lá trabalhou como secretário de um advogado, mas não ficou muito tempo no lugar. Em Ipu teve a oportunidade de entrar para a política, pois seus empregadores eram agentes de um dos partidos que aspiravam, como o fazem os partidos no Brasil e na Grã-Bretanha, a ser os salvadores do Estado.

Nessa época, porém, Antônio Maciel, ainda não elevado à categoria de "Conselheiro", parece ter estado mais preocupado com o bem-estar da alma do que com o bem-estar do corpo político. Sempre disposto para a igreja e a confissão, parece ter sido um católico fervoroso.

Em Ipu, recebeu um golpe que alterou toda sua forma de vida e que finalmente o conduziu pelo caminho que o tornou célebre. Sua mulher que, como opina um cronista de sua vida e milagres, havia se conformado até então em enodoar os bens domésticos,[7] agora deixou para trás finalmente esses lares e fugiu com um oficial da polícia.

Antônio Maciel, que era acima de tudo honesto e metódico em sua vida, foi dominado pela vergonha. Pode ser que a ação desonesta do libidinoso oficial de polícia lhe inspirasse desconfiança a toda lei e ordem; mas em todo caso, a partir desse momento, sua visão de mundo se modificou e sua vida inteira mudou.

Sua primeira idéia foi esconder-se onde não fosse conhecido; então se dirigiu ao sul do Ceará. Em um lugar chamado Paus Bran-

6 Milréi, literalmente 1000 reis. A moeda equivale mais ou menos a um dólar. A primeira vez que lhe entregam uma cédula de reis, ela lhe corta a respiração, porque pode facilmente aumentar-se a vários milhares, e aquele que a recebe se pergunta se sua conta bancária pode suportar esse excesso. Isso tem sua compensação no sentimento de magnificência que produz, como quando nos sentimos mais ricos depois de ter visto cem mil rúpias.

7 "Manchou seus lares", Euclides da Cunha, *Os Sertões*.

cos, o destino lançou-o no caminho do perturbador de sua paz doméstica. Sem reconhecer que o sedutor de sua esposa lhe havia feito um grande serviço levando uma mulher que, no dizer do sertão, era ordinária como as galinhas, o sangue de sua indomável família ferveu em suas veias. O meticuloso comerciante, o digno comungante, converteu-se, pela primeira e última vez em sua vida, em um verdadeiro descendente daqueles ferozes lutadores cujas façanhas haviam terminado com a sinistra morte de Miguel Carlos Maciel. Não podendo pôr a mão no sedutor, espreitou de noite um parente que lhe havia dado abrigo e o atacou com toda a fúria de um jaguar que tivesse tido seus filhotes roubados. A vítima do assalto, no julgamento de Antônio Maciel, fez o possível para salvá-lo, alegando que o marido injuriado estava realmente em seu direito. Esse signo de graça tão característico de um primitivo reconhecia que o motivo, não a mera ação, é o que importa em um fato de qualquer tipo – ao menos para os teólogos – e de alguma maneira situa os simples habitantes do sertão muito acima dos homens que andam rodeados pelos obstáculos da cidade e não podem ver nada mais além de resultados.

Sua generosidade não salvou Antônio Maciel, que foi enviado imediatamente à prisão. As prisões, nas regiões rurais do Brasil e em geral na América do Sul, não são os lugares que conhecemos na Europa, brutalmente vazios, silenciosos e quebrantadores do espírito, mas compartilham o modelo oriental, onde o prisioneiro jaz algemado na imundície, mas até pode ver seus amigos e falar com eles quando vêm lhe trazer comida. A prisão européia mata a alma, no Oriente a masmorra deixa a alma livre mas quebra o corpo, e essa é a forma em que a humanidade faz justiça.

Não é infreqüente que nas Américas o cárcere se construa com ladrilhos cozidos ao sol, fáceis de penetrar com uma faca. Os prisioneiros, diferentemente de seus colegas do Oriente, poucas vezes estão algemados ou amarrados, e por isso as fugas são freqüentes e quase sempre são vistas como um alívio pelos guardas dos malfeitores. Antônio Maciel não foi por muito tempo hóspede do calabouço, mas escapou logo, e depois de ter sido reconhecido quando estava a caminho de um lugar chamado Crato, finalmente desapareceu e não deixou marcas de sua existência no mundo do sertão.

Passaram-se dez anos e o pacífico caixeiro e furioso marido estava tão esquecido como se tivesse sido forçado a consumir-se na terra seca do sertão. Evaporou tão completamente como se perde de vista uma pedra afundada nas negras águas do lago Trinidad.

A natureza no Brasil é formidável; não está cortada em quadriláteros e totalmente dominada e domesticada como aqui na Europa; é tão poderosa em sua força que reduz o homem às proporções de uma formiga, laboriosa mas fútil nas obras que empreende contra sua imensidão. Uma casa decai e vem abaixo, e em um ano ou dois a própria casa e os campos cultivados que a rodeavam, arrancados à mata através do fogo, machado e enxada, terão desaparecido. Sobre eles avança uma mata secundária, devorando-os e os retornando, com o decorrer do tempo, à mata primitiva, como se a força da natureza debochasse dos fracos esforços da humanidade.

Quando um homem morre, também ele logo é esquecido. Seus filhos mal o recordam e os filhos destes, se ouviram algo sobre ele, parecem considerá-lo como um ser que viveu mil anos atrás. A vida, a natureza, a vastidão do país, tudo leva a essa atitude; assim, Antônio Maciel foi totalmente esquecido, e as igrejas dos povoados onde havia rezado e se ajoelhado em êxtase diante das imagens dos santos não souberam mais nada sobre ele. Naturalmente, a opinião pública se preocupa pouco com alguém que "não devia vidas"[8] e cuja única pobre incursão sobre as pegadas de seu clã tinha se mostrado infrutífera.

O que fez, o que viveu durante esses dez velados anos, é-nos desconhecido. Talvez, como outro João Batista, retirou-se para o deserto, esse solo propício aos santos. Pode ter vivido entre os índios. Ele nunca abriu a boca sobre sua vida errante. Anos depois, quando já estava morto, um seu fiel seguidor, um velho caboclo, confessou tê-lo visto, em intervalos espaçados, vagando por aí, envolto em si-

8 Dever uma vida é ter matado um homem. A dívida é com Deus.

lêncio, respondendo somente com um gesto ou uma palavra aos que lhe falavam.

Em todo caso, depois de dez anos, reapareceu um dia no Estado da Bahia, mas surpreendentemente mudado. O asseado caixeiro, vestido de brim branco e limpo chapéu de palha, havia evaporado e em seu lugar apareceu Antônio Maciel, o anacoreta. Queimado pelo sol e desgastado pelo jejum, seus olhos muito abertos, fixos e de olhar intenso, sua cara sumida, seus finos membros fatigados pelas privações, davam-lhe o aspecto de um monge da *Tebaida*. Não usava chapéu e seus cabelos longos caíam sobre seus ombros. Sua barba era hirsuta e se espalhava sobre seu peito, lisa e bíblica. Sua roupa era uma túnica longa de fio rústico azul e se apoiava sobre o clássico cajado dos peregrinos, nodoso e torcido, mas lustroso pelo uso prolongado.

Silencioso e distante, deve ter se parecido um pouco com um santo mouro sentado diante de uma mesquita. Não estava louco, porém, não de todo lúcido, mas provavelmente apropriado para esta terra fronteiriça em que habitam os santos e os visionários e todos aqueles sujeitos que sentem ter uma missão a cumprir, um mundo para salvar e uma vaga divindade a qual devem glorificar.

CAPÍTULO 3

Segundo a impressionante frase de Euclides da Cunha, seu principal biógrafo, Antônio Maciel tinha se convertido em "um velho de trinta anos".

Sua vida estava designada para que fosse conhecido por todos no sertão, onde as notícias do mundo exterior são escassas e o interesse dos homens concentra-se em assuntos locais; tal como no Oriente, um santo errante chama mais a atenção do que um grande acontecimento forâneo agita um mercado ou feira.

Tudo reside no ponto de vista. Para uns, as batalhas e os assédios, para outros o progresso material sob a forma do aeroplano, o submarino e o telefone, aparecem como os principais objetos da humana contemplação nesta vida transitória. Para alguns, o que importa é a alma, pois percebem que, depois de tudo, o progresso material freqüentemente deixa o homem como um mero bárbaro, convencido e torpe.

Assim a fama de Antônio Mendes Maciel cresceu e se espalhou pelo sertão. Sua própria semi-loucura deu-lhe autoridade, apontando-o como alguém que tem um contato mais estreito com a divindade que o homem comum. De igual modo, no Oriente, as ações de um louco são toleradas e desaparecem no sagrado em que a loucura o envolve e o separa da simples multidão racional, competente para comprar e vender, para brigar, intrigar e traficar, mas condenada para sempre, por sua mesma lucidez, a andar por caminhos materiais.

Nessa época, seu nome havia sido absorvido pelo de Conselheiro, porque aconselhava os camponeses sobre seus deveres religiosos e intervinha em suas disputas; assim se tornou um personagem em toda a região e muito além de seus limites.

Do sertão de Pernambuco passou ao de Sergipe, chegando ao povoado de Itabaiana no ano de 1874. Ali era bem-desconhecido; mas a aparição nas ruas da estranha figura do ermitão logo causou uma forte impressão em seus habitantes.

Ao longo das ruas arenosas, que na maioria das localidades do interior do Brasil são como leitos de riachos secos no verão e torrentes no inverno, ele vagava silencioso. Nunca falava se não lhe dirigissem a palavra e sua aparência certamente deve ter sido ao mesmo tempo estranha e impressionante quando vagava de um lado para outro. Sua longa túnica azul sem cinto fazia-o parecer ainda mais magro do que era e mais macilento. Seu chapéu de peregrino, que usava geralmente pendurado sobre os ombros, à moda de um pastor de Tessália na época clássica, as sandálias que calçava e seus olhos[9] muito abertos de olhar

9 Olhos fulgurantes.

intenso davam-lhe o aspecto como de um messias louco do tipo oriental. Em uma bolsa de couro que pendia para o lado em suas costas, levava papel, tinta e canetas, um Missal e um Livro de Horas.[10]

Vivia inteiramente de esmolas, recusando tudo, salvo o suficiente para seu sustento diário. Raramente dormia sob um teto, mas fazia sua cama sobre uma tábua, ao ar livre, ou sobre o próprio chão. Seu silêncio, seus longos cabelos e barba, sua abstinência e a completa e absoluta inocência de sua vida, logo fizeram que fosse considerado, se não exatamente como um santo, pelo menos como um homem afastado do pecado e com uma missão a cumprir. Sobre as calçadas altas que rodeiam as casas, nas esquinas, onde se congregam os homens nas povoações rurais do Brasil, com seus cavalos amarrados aos escuros postes de madeira resistente, colocados a tal propósito em quase todas as portas, os sertanejos baixavam a voz quando ele passava, murmurando "Lá vai o Conselheiro"

Em uma sociedade como a do sertão no ano de 1874, em que os homens acreditavam em encantadores de serpentes conhecidos como mandingueiros,[11] na eficácia das Contas Verdes trazidas da África, que faziam o portador de um colar delas invulnerável às balas e à faca, um homem como Antônio Conselheiro logo alcançou celebridade. Não se falava de outra coisa que de sua santidade. Começaram a surgir lendas sobre as curas realizadas por ele em casos dados pelos médicos comuns como totalmente irrecuperáveis. A forma de suas viagens modificou-se. Já não perambulava como um cachorro perdido do paraíso, buscando migalhas nas encostas do caminho. Sem ser chamados, os seguidores haviam chegado até ele. As mulheres, é claro, correram até o estandarte invisível que perceberam que ele havia desdobrado, assim como sempre correm atrás de qualquer visionário. A felicidade deles era suportar tudo aquilo que seu Cristo suportava. Viver de esmolas, dormir ao ar livre, sofrer os açoites e ferroadas dos

10 As Horas Marianas.

11 O nome foi tomado da tribo africana dos Mandingas. Nos tempos da escravidão, foram trazidos, entre outros escravos, feiticeiros e eles continuaram seus ritos e superstições no Brasil.

insensatos, ser apontadas com o dedo quando passavam com seus farrapos pela rua alimentava sua vaidade, contribuía ao vigor de sua fé, ou efetivamente suscitava um espírito de devoção e sacrifício.

Quem poderá sondar todos os mistérios do coração humano ou acertar os motivos que movem a humanidade? Humilde na púrpura, cheio de orgulho em seus andrajos, orgulhoso com a sorte, ou firme perante as voltas do destino, alternadamente uma barra de aço ou um catavento, cada homem é, foi e sempre será um mistério para seus companheiros de escravidão, encadeados a esta esfera móvel. Os seguidores que o Conselheiro congregava eram os das classes que costumam congregar a princípio os profetas quando começam a pregar. Vaqueiros e remadores de canoas, pastores e pescadores, sempre os primeiros a acudir a um messias de qualquer tipo, acostumados à fé e à paciência, como os seguidores de qualquer chamado, constituíram seus primeiros convertidos ou sectários. Desclassificados, negros, esses habitantes da dupla Bohemia da pobreza e da cor, deixavam a caneca dos mendigos ou a gadanha estendida no campo e engrossavam a multidão de fiéis, à qual se juntou o devido fermento de ladrões e desses homens que, nas regiões silvestres como o sertão, começam sua vida com uma junta de bois que gradualmente produz um rebanho. Os homens que matam o gado de seus vizinhos protegidos pela escuridão e vendem o couro com a marca distintiva recortada, chegaram em seus cavalos magros, mal-alimentados e indomáveis, e formaram uma rústica guarda de cavalaria. Toda essa gente, derrotada na luta pela vida, era precisamente a classe de homens que acodem a um profeta, embora este não pregasse, já que nessa época não há evidência de que Antônio Conselheiro tivesse começado com a série de pronunciamentos contra o governo civil e religioso que o fizeram famoso e eventualmente lhe custaram a vida.

Em um país como o Brasil, onde o elementarmente necessário para a vida se obtém facilmente e em que pelo menos todos os do sertão vivem a cavalo, dormem freqüentemente ao ar livre e comem frugalmente, uma existência tal, intolerável para os europeus, era-lhes suportável. Os profetas parecem não ter uma meta determinada em seus deslocamentos, mas vão de cidade em cidade, de vila em vila, de acampamento em acampamento, de acordo com o que lhes impulsiona o espírito e opera a vontade momentânea.

Seu séquito crescia constantemente. Vaqueiros vestidos de couro, armados por todos os lados com trabucos, uma espada enfiada sob o arção dianteiro, na cinta a longa e afiada faca de ponta,[12] o jacaré, a parnaíba e algumas vezes um par de antiquadas pistolas de espoleta formavam algo assim como a aristocracia do séquito do novo profeta. A massa do mesmo estava composta por mestiços raciais, mulatos, negros e ainda caboclos,[13] e um estranho cruzamento de índios e negros, de aspecto simiesco, conhecidos no Brasil como cafuzos.

Ele não buscava adeptos, nem os rejeitava. Prostitutas, mulheres que haviam abandonado marido e filhos para seguir a Deus, outras com pequenos em seus calcanhares, seguindo-as como um potrinho à égua que o cria, ocasionalmente inclusive algum tapuia[14] saído do bosque diante da fama de Antônio Conselheiro compunham a variopinta multidão. Dois de seus neófitos conduziam um altarzinho feito com madeira de cedro. Nele estava colocado um Cristo rudemente esculpido, diante do qual os fiéis se ajoelhavam nos cruzamentos dos caminhos, onde o penduravam em uma árvore para que o vissem e o adorassem.

Lançavam-se ao chão, golpeavam o peito, confessavam publicamente seus pecados; em seguida, purificados e aliviados da pesada carga que as más ações acumuladas por anos tinha tornado intolerável, retificavam o rumo de suas vidas e uma vez mais começavam a reunir material para uma nova confissão geral e um novo começo na carreira do pecado.[15] Quando se aproximavam de uma cidade ou al-

---

12 Todos esses são nomes de diferentes tipos de facas.

13 Índios não selvagens.

14 Esse é o nome genérico dado aos índios selvagens.

15 O altar transportável não era nada novo no Brasil. Henry Coster, em seu excelente e interessante *Travels in Brazil* (Londres, 1817), inclui uma curiosa descrição de como certos padres, com licença de seus bispos, viajavam pelo estado de Pernambuco com um pequeno altar sobre uma mula, rezando missa em diferentes fazendas, casando pares que não haviam tido a oportunidade de unir-se legalmente e batizando crianças. De minha juventude, recordo as periódicas visitas de um bispo, na Província de Entre-Rios, com o mesmo propósito. Viajava em uma carruagem e os *gauchos* mais ignorantes discutiam se era o "Santo Pai" ou o próprio "Pai Eterno".

deia, levavam o altar para o começo da procissão e atrás dele seguia a companhia, toda ela entoando hinos.

Nessa época, Antônio Conselheiro parece não ter assumido as funções de um líder. Seguia simplesmente com sua vida ordinária, vagando de povoado em povoado, com uma multidão sempre crescente acompanhando seus passos. Em nenhum outro país do mundo, fora do Oriente, pode-se ter observado um fenômeno tão estranho. Na América do Norte, lugar de seitas estranhas e milenaristas, mesmo Joseph Smith, o profeta de Nauvoo, não havia nunca vagado com seus seguidores mórmons pelas cidades dos Estados Unidos. Quando foi obrigado a deixar Nauvoo, os mórmons foram diretamente para o deserto, para fundar ali uma Sion onde pudessem viver totalmente sem contaminação pela presença do infiel. Nada estava mais longe da mente de Antônio Conselheiro. Se ele tivesse querido sacudir de suas sandálias o pó da civilização comparativamente frágil que ele freqüentava, nada teria sido mais fácil. Os vaqueiros só teriam que levar o gado mais para o oeste e em uma semana, no máximo, teriam alcançado terras pelo menos tão férteis como as do sertão. Ali teriam podido estabelecer sua Ebenezer, separar suas plantações da mata virgem e continuar vivendo sem ser incomodados pelo governo. Ou isso nunca passou por sua cabeça ou possivelmente ele sentia, mais que realmente sabia, que as colônias assentadas mais além das fronteiras estão destinadas a fracassar ou a ser absorvidas nas ondas do progresso crescente, da civilização ou como quer que se queira nomear a coisa. O mais provável é que não tivesse absolutamente idéias precisas sobre tema algum nessa época, e fosse impulsionado a agir como o fez posteriormente pela força das circunstâncias.

Em 1876, entrou no povoado de Itapicuru de Cima com todos seus seguidores. Nessa época, sua fama ia crescendo e seu nome começava a ser conhecido fora do sertão. Em 1887, imprimiu-se uma descrição dele, tal como aparecia aos olhos comuns, em um jornal do Rio de Janeiro chamado *Folhinha Laemmert*. "Apareceu – dizia o jornal – nos sertões do norte um homem conhecido como Antônio Conselheiro, que exerce uma grande influência sobre as pessoas daqueles lugares. Isto se deve a sua misteriosa aparência e hábitos ascéticos, por meio dos quais se impõem sua simplicidade e ignorância. Tem os cabelos e a barba longos e hirsutos, usa uma túnica de algodão azul, jejua com freqüência e tão rigorosamente que parece uma múmia. Acompanhado de duas discípulas mulheres ["duas professas"], sua vida reduz-se a cantar hinos e litanias. Prega e dá conselhos às multidões que o seguem, ali onde os padres deixam-no fazer sermões... Parece inteligente, mas tem pouca educação".

Tudo isso era verdade e além disso essa é a primeira informação precisa que se conserva dele fora dos limites do sertão. E mais, mostra que tinha avançado um passo em direção a sua missão, pois pela primeira vez há evidência de que se havia quebrado o silêncio e havia começado a pregar a seus adeptos. Isso era inevitável. Um profeta mudo pode ganhar fama, mas dificilmente seguidores. Não que seja muito mais fácil falar do que abster-se de falar, como podem mostrar os parlamentos, onde muitos homens com boa reputação perderam-na por não levar em conta boas ocasiões de ficar calados, pondo-se a vomitar um discurso. O povoado de Itapicuru de Cima foi um ponto crucial em sua carreira. Até esse momento, o pouco consolidado governo o havia olhado com indiferença. Tantos profetas tinham surgido no sertão, tinham disparatado um pouco e depois tinham regressado a sua bem-adquirida obscuridade, que Antônio Conselheiro não lhes havia parecido senão um deles – uma estrela que, depois de cintilar por um breve espaço, desapareceria rapidamente. A maioria dos governos atua de forma misteriosa, operando os magros prodígios que caem dentro de seu poder, seja pela violência ou pela fraude. O governo do sertão, que tinha sua sede na cidade da Bahia, escolheu esta última via e, quando Antônio Conselheiro estava se fazendo temível, levantou uma falsa acusação contra ele. No mesmo ano (de 1876 a 1877), para surpresa de seus seguidores, que conheciam a inocência de sua vida e costumes, foi de repente preso e levado perante um juiz. Seus seguidores quiseram defendêlo, já que eram numerosos e estavam armados. Imediatamente ele assumiu a atitude da qual nunca mais se afastou durante o resto de sua vida, a de um mártir e um estóico que suporta as desgraças da vida e a injustiça dos homens com indiferença. Ordenando a seus seguidores abster-se da violência, entregou-se sem resistência nas mãos das autoridades, e tranqüilamente foi com elas à Bahia para enfrentar as acusações contra ele.

Precisou de todo seu estoicismo no caminho que, para descrédito de sua escolta, foi uma verdadeira Via Sacra para um homem já debilitado pelo longo jejum e as penúrias. Embora os soldados o golpeassem cruelmente durante a viagem, não se queixou deles minimamente quando se apresentou perante o juiz, envolvendo-se no estoicismo da raça indígena, da qual sem dúvida descendia em maior ou menor grau.

Uma única coisa o preocupava. Quando chegou ao porto onde tinha que embarcar, pediu para não ser exposto à curiosidade pública, um benefício ao qual tinha direito, segundo todas as máximas tanto de humanidade quanto da coisa chamada justiça, já que até aquele momento não tinha sido julgado.

Ao comparecer diante da corte, teve que escutar uma acusação injusta e monstruosa, forjada para levá-lo à ruína. Teve que enfrentar uma acusação, fundada nas antigas dificuldades com sua mulher, de tê-la assassinado e ao mesmo tempo ter matado sua própria mãe, que dormia ao lado dela. Alegou-se que, tendo sido advertido, um homem havia sido visto pelos vizinhos entrando por uma janela no dormitório de sua mulher, tinha subido furtivamente e uma noite havia posto fogo sobre a cama sem certificar-se primeiro de quem estava lá, e que havia sido provado que a ocupante era sua mãe, que por alguma razão se encontrava dormindo na casa.

Não teve dificuldade em responder a essa acusação, já que sua mãe e sua esposa estavam vivas; assim as autoridades viram-se obrigadas a soltá-lo. Afastou-se da corte em silêncio e em um ou dois meses reapareceu entre seus seguidores, que o haviam estado esperando e o receberam agora com o mesmo espírito com que um grupo de cristãos da igreja primitiva teria recebido um de seus chefes liberado depois de uma acusação injusta na Roma dos césares.

Nada faltava senão o halo que a perseguição outorga a um homem. Assim as autoridades, com sua conduta injusta e torpe, tinham convertido um asceta vagabundo em um mártir, e a partir desse momento cresceu sua lenda e sua fama esteve assegurada.

Sua influência tinha se redobrado e se murmurava que havia feito um milagre diante de seus juízes e os havia deixado na mesma situação de Pôncio Pilatos, perguntando "Que é a verdade?"

Não afirmava ter poderes sobrenaturais, embora também não negasse, mas deixava seus seguidores difundirem a verdade segundo eles a viam, à maneira de um profeta sensato ou de um homem superior aos homens e suas fraquezas.

CAPÍTULO 4

Sua reaparição no sertão foi o sinal para uma grande explosão de regozijo entre seus seguidores. Na cidade de Chorrochó, passando entre uma apertada fila de adoradores, enlouquecidos de entusiasmo, ele permaneceu impassível, seus olhos muito abertos, fixos no vazio. Com sua longa túnica azul, parecia estar caminhando em uma mortalha; sua barba, que havia crescido quase até sua cintura durante seu confinamento, dava-lhe um ar como o de um santo em um velho quadro.

As "fiéis" mulheres apertavam-se para beijar sua mão e suas vestes, persignando-se como se ele tivesse sido realmente canonizado. Ele aceitava tudo, tal como havia suportado a chuva e o sol, a fome e os golpes, as acusações injustas e todas as outras desgraças da vida, com o mesmo silêncio que havia mantido na corte diante do juiz e de seus acusadores.

Em Chorrochó, alojou-se, ou se refugiou, sob uma árvore, fora do povoado. Uma capela construída perto dali ainda indica sua residência. A mesma árvore tornou-se sagrada e suas folhas uma panacéia para qualquer doença, em todo o interior e para os peregrinos que freqüentam o lugar.

Desde esse tempo (1878), começou a série de milagres que os habitantes do sertão lhe atribuíram. Se ele teve parte nos mesmos é duvidoso, já que nem aceitou nem negou os poderes que lhe foram outorgados. Em todo caso, durante os dez anos seguintes, perambulou de um lado para outro, em Alagoinhas, Inhambupe, Bom Conselho, Cumbe, Pombal e Monte Santo, todos povoados ou aldeias, com um cortejo sempre crescente, como uma avalanche.

Em todos os lugares, deixou algum rastro de sua passagem, aqui levantando os muros e a porta de algum velho cemitério que tinha sido deixado em ruínas, ali reparando uma antiga igreja ou oratório. Às vezes, depois de seus sermões que, segundo se dizia, pronunciava com um fervor e uma convicção verdadeiramente apostólicos em seu zelo, os rudes vaqueiros arrecadavam fundos para construir uma capela ou uma igreja. A maioria delas ainda permanece para testemunhar sua fama e a devoção de seus seguidores.

Em 1887 apareceu sobre a costa, em Vila do Conde, e foi recebido por uma grande multidão, posto que sua fama havia corrido a sua frente desde a mata do sertão. Fez sua entrada no povoado da costa, não mais com um pobre altarzinho, mas com bandeiras e estandartes e com a população levando estátuas e quadros de santos tirados da igreja paroquial para engrossar a cerimônia. Por vários dias, o povoado esteve tomado de gente, como se houvesse uma feira, e o dissidente desprezado e perseguido encontrou-se na posição de um ditador, tendo lançado na sombra todos os magistrados locais.

Seus seguidores montaram barracas na praça central e, quando se soube que estava por pregar, a multidão foi tão grande que todas as ruas convergentes ficaram obstruídas. Ergueu-se um púlpito e, segundo uma testemunha ocular, seu dom para falar era maravilhoso e seus efeitos sobre a audiência não menos maravilhosos. Seu estilo era bárbaro e seu discurso cheio de citações das Horas Marianas, abstruso e intrincado, uma mistura de conselhos a seus seguidores com provérbios e frases familiares, misturados com explosões de eloqüência.

Falou longamente, com os olhos fixos no chão, com mínimos gestos; seu discurso era de uma monotonia apaziguadora, que dava sono. Seus ouvintes inclinavam a cabeça com os olhos semicerrados, tal como os cavalos, amarrados para lá da multidão, baixavam a cabeça e dormitavam. Então, em um instante, o homem transfigurou-se. Levantou a cabeça e as palavras saíram aos jatos de seus lábios, tão rápidas que seus ouvintes mal podiam segui-las. Profecias, denúncias, vagas ameaças e insinuações sucederam-se uma após a outra, e seus olhos negros e reluzentes tornaram-se tão terríveis que seus seguidores não se atreviam a olhá-lo e viravam o rosto. Um soluço correu pela audiência e um movimento histérico, que se desafogou nas frases entrecortadas de "Jesus", "Ave Maria" e "Viva o Conselheiro", sacudiu a multidão reunida.

Foi então, como uma cínica testemunha ocular deixou registrado, que ele operou seu autêntico milagre: mostrar-se superior a um meio quase ridículo e tornar-se um inspirado. Assim devem ter pregado os gnósticos e os primeiros cristãos, e com semelhantes resultados. No caso destes, o inimigo era o paganismo, e ainda mais as diferenças entre seitas próximas mas levemente diferentes, um fenômeno que pode ser observado até os dias de hoje, quando um amigo que não vai com você tão longe como você vai é um adversário pior que o inimigo comum de ambos.

No caso de Antônio Conselheiro, o inimigo era a Igreja, caída, como ele a via, de seu orgulhoso estado e severamente necessitada de uma reforma a partir de dentro, da qual o profeta seria o instrumento. Como é natural, os frades pregadores, dos quais havia no Brasil uma quantidade considerável, eram todos seus inimigos. Ele se metia em sua diocese, cobrava dos camponeses as contribuições que aqueles haviam tido como privilégio próprio e os superava na esfera da pregação, que eles consideravam seu território especial no campo religioso. As doutrinas e a moralidade que Antônio Conselheiro pregava eram estranhamente parecidas com as enunciadas por Montano ou pelos carpocrácios no século II. Antônio Conselheiro prescrevia uma castidade exagerada, bradando contra o matrimônio, ameaçando com todas as penas do inferno as mulheres que se adornavam, faziam-se penteados ou se punham atraentes para os homens de qualquer forma. Aquelas que haviam usado presilhas tinham em seu lugar coroas de espinhos na cabeça, para dobrar sua vaidade. A beleza em si era um anátema enviado por Satanás à terra para ruína da humanidade. O próprio Antônio exibia um afetado horror por ela. Nunca olhava uma mulher na cara quando falava com ela, levando suas precauções ao mesmo extremo quando falava com as velhas beatas,[16] que, como diz um escritor brasileiro contemporâneo, eram mais apropriadas para intimidar um sátiro que para excitar a concupiscência de qualquer homem comum.

As doutrinas que Antônio Conselheiro pregava no sertão tinham uma extraordinária semelhança com as promovidas por alguns dos gnósticos, o mesmo terror cego ao poder do Anti-Cristo, que iria reinar na terra confundindo tudo e levantando um império de sem-razão e sangue – como se fosse necessário algum Anti-Cristo para causar tal estado de coisas em um mundo irracional. Os fiéis eram ordenados a abandonar todas suas posses ante o iminente juízo final, que era esperado com confiança e sem escapatória. Enquanto isso, deviam dar tudo o que tinham ao tesouro comum, pois Antônio Conselheiro, embora totalmente desinteressado, começou a prever o momento em que teria que refugiar-se com seus seguidores em alguma fortaleza onde o mundo não pudesse corromper nem influenciar seu rebanho.

Este milenarismo, curiosamente, em vista de sua pregação de castidade e do dever de não continuar a raça criando pecadores para que fossem condenados eternamente, promovia a prática do amor livre. Importava pouco o que fizessem os homens, posto que o mundo ia durar tão pouco, e portanto a salvação estava assegurada pela fé, sem a mera formalidade das obras.

16 A palavra "beata", em espanhol e em português, indica uma mulher dada às cerimônias religiosas e idas à igreja. Está sempre vestida de roupas pretas que cheiram a incenso.

Escrevendo sobre os gnósticos do século II, Ireneo dizia: "Eles sustentavam que os homens não se salvariam pelas meras boas obras, mas por sua natureza espiritual, que é incapaz de corrupção, sem importar o que fizessem; assim como a argila não pode manchar o ouro, assim sua natureza espiritual não pode perder-se por nenhuma espécie de conduta".[17]

O mais provável é que os rudes sectários do sertão nunca refletissem sobre o assunto, mas que meramente pusessem em prática a indicação de todos os teólogos naturais de todas as raças e épocas que, encontrando nas obras uma atitude exageradamente onerosa, correm para a fé em busca de apoio.

Antônio Conselheiro, embora gnóstico inconsciente, não pôde ter sabido nada de "Sofia", nem sustentar a crença de que o princípio do pensamento era masculino e feminino ao mesmo tempo, como o fizeram tantas seitas gnósticas. Menos ainda pôde ter ouvido sobre os Sete Mundos, caro a muitos dos primitivos; mas de toda forma, a julgar por suas pregações e o efeito delas sobre seus seguidores, era um montanista inconsciente, ou talvez um carpocrácio preservado milagrosamente, tal como um mamute é encontrado às vezes preservado no gelo nas estepes da Sibéria. A natureza, pareceria, é indestrutível ao conservar-nos intactas formas e loucuras pré-históricas, para que nos maravilhemos, imitemo-las e as copiemos, e para que as perpetuemos, de modo que nenhuma forma da inaptidão humana pereça nunca, ou caduque a possibilidade de que os tolos a promulguem. Os preceitos de Antônio ordenavam seus seguidores a renunciar a toda felicidade aqui, neste mundo transitório. Sem dúvida, as "beatas" e seus seguidores mais espirituais tratavam de agir segundo sua pregação, mas muitos dos vagabundos que se reuniam junto a seu andrajoso estandarte viam as coisas sob outro ponto de vista, entregando-se, como o fizeram

17 Irenaeus, I, III, ff. I. Essas doutrinas foram sustentadas também pelos valentinianos e simonianos.

os carpocrácios de antigamente, à fornicação irrestrita (*"devant le seigneur"*) e à embriaguez.

Todos os princípios aos quais os homens acodem em busca de apoio na luta com suas vidas parecem muito enganosos. A fé freqüentemente conduz direto ao fanatismo e ao descuido das ações, afundando seus devotos em um abismo de ensimesmamento que deixa seus irmãos padecendo no lodo, enquanto o crente salva sua miserável alma. As boas obras, buscadas só por si mesmas, promovem arrogância e uma autocomplacência que resseca a alma. Resta ainda a lógica; mas de novo, então, os seguidores de Antônio Conselheiro que se entregavam a orgias piedosas eram sem dúvida suficientemente lógicos, porque se é iminente que o mundo vai acabar, é melhor conseguir dele o que pudermos enquanto nossa vida dure.

Quando a fé e as obras, a filosofia, a lógica e o resto das panacéias que foram pregadas, aceitas e postas em falta durante os dois mil anos passados, mais ou menos, fracassaram, tudo o que resta aos homens sensatos é pagar regularmente as contas a sapateiros e costureiros, dar esmolas aos pobres meritórios, e aos não meritórios, e assim viver humildemente sob o sol, seguindo o exemplo de outros animais.

Quando o dom de profecia desceu sobre um homem, ele pode, no mínimo, esconder seus próprios méritos, como se pode esconder uma tosse ou um amor, ou como um poeta menor pode abster-se de incomodar o público com seus versos balbuciantes.

Antônio Conselheiro não foi exceção à regra e anunciou vários anos de desgraça, que iam culminar com a destruição do mundo.

"Em 1896 – dizia – uma multidão virá da costa para o sertão. Então o sertão vai virar mar e o mar vai virar sertão. Em 1898 haverá muitos chapéus e uma grande escassez de cabeças. Em 1899 as águas todas se tornarão sangue e um astro aparecerá no oeste... uma grande chuva de estrelas levará à destruição do mundo. Em 1900 todas as luzes terão se extinguido. Deus diz em seu santo Evangelho 'Não terei senão um aprisco e um pastor... porque não tenho senão um só rebanho'".

Essas profecias, cujo enunciador não viveu o suficiente para vê-las confirmadas, foram encontradas escritas em pedaços de papel e velhas cadernetas, depois de sua morte, na cidade mística de Canudos, que ele fundou. Eram o que se pode chamar profecias "*terre à terre*", comuns a todo vulgar autoproclamado traficante de mistérios no mundo inteiro, desde o primeiro alvorecer da cristandade.

Antônio Conselheiro elevava-se às vezes a maiores alturas e se tornava interessante pela extravagância de suas crenças e o fervor de sua fé. Um de seus sermões é memorável: "Sendo a hora nona, quando descansavam no Monte das Oliveiras, um dos apóstolos perguntou a Nosso Senhor... 'Senhor, que sinal nos darás para que estejamos prontos para a destruição do mundo?' Ele respondeu: 'Muitos sinais na lua, no sol e nas estrelas. Aparecerá um anjo, enviado por meu Pai... Ele pregará diante de cada porta e estabelecerá cidades no deserto, igrejas e capelas, e dará conselho aos homens'". Semelhante aos gnósticos, parece ter-se considerado uno com Cristo, como se se confundissem ambas pessoas e essências em um corpo e uma alma. Assim se consideraram os pregadores gnósticos do século II em seus êxtases. Montano sustentava que o profeta é uma lira para transmitir os preceitos da Divindade. Assim, todas suas profecias eram pronunciadas durante estados de êxtase, feito do qual o astuto Ireneo não tardou em apropriar-se. Os "verdadeiros profetas" – toda a ortodoxia o afirma – brindaram seu carisma depois do êxtase. Para tanto, as palavras de Montano não eram as da Divindade.

Esse é um detalhe sutil e pareceria ser pertinente não só a Montano mas também a Antônio Conselheiro; seus pares, os teólogos inconscientes, perceberiam logo depois que nem Montano nem Antônio Conselheiro eram verdadeiros extáticos; ou pelo menos, não havendo assimilado suas profecias, por assim dizer, eles eram meros jornalistas da profecia, que escrevem sobre as coisas que estão acontecendo, como o fazem os jornalistas – e não como os artistas – depois que os acontecimentos foram esclarecidos pelo tempo. Em realidade, eles caíam na categoria dos paraestéticos, uma turma insubstancial da qual o mundo sempre foi suficientemente merecedor, tal como eles haviam sido merecedores do mundo.

Isso não impediu os seguidores de Montano e de Antônio Conselheiro de tomar suas palavras como a *ipsissima verba* da Divindade, embora saibamos que esse pode não ter sido o caso.

Em ambos profetas havia uma circunstância relativa a suas vidas que fazia sua semelhança ainda mais chamativa, pois a ambos se uniram duas adeptas que haviam deixado seus maridos para ir atrás da verdade. As coadjutoras de Montano chamavam-se Maximilla e Priscilla; das de Antônio Conselheiro não se conserva o nome; em nenhum dos dois casos manchou suas memórias a menor sombra de escândalo.

Embora Antônio Conselheiro sustentasse integralmernte a doutrina da fé, sua prática era melhor que sua crença e, nos intervalos entre sermões e profecias, ainda tinha tempo para as obras. Perambulava por todo o sertão seguido de um grande número de carpinteiros e pedreiros que trabalhavam por nada, construindo e reformando igrejas, capelas e cemitérios. Sua congregação provinha de pedra e madeira e todo o necessário para o trabalho, grátis, sem nenhum tipo de pagamento, esperando talvez receber sua recompensa no céu, ou talvez por verdadeira caridade e bondade, sem esperar pagamento neste mundo ou no próximo. Durante o tempo em que o trabalho estava em andamento, os que não estavam ocupados carregando madeira ou pedras cantavam hinos; seu chefe sentava-se em uma madeira ou no solo servindo de supervisor.

Um homem que o viu por esta data[18] (1887) descreve-o como "baixo, escuro, com aspecto de índio (acaboclado), com o cabelo e a barba longos". Diz que vivia nessa época em uma casa sem móveis, a que as "beatas" traziam provisões e o serviam. O tipo de vida que levava e sua intervenção em assuntos espirituais como batismos, festividades, novenas etc. provocaram o receio tanto dos frades pregadores como do clero regular, que viram suas reservas atacadas pelas cerimônias não autorizadas de Antônio Conselheiro e suas incursões em

18 Tenente Coronel Durval Vieira de Aguiar, *Descrições práticas da província da Bahia*.

um terreno particularmente próprio. Eles tomaram as armas e o viram, não sem razão, tal como um sindicalista olha para um fura-greve. Já no ano de 1882, o arcebispo da Bahia havia enviado uma circular a todos os padres de sua diocese, em que dizia: "tendo chegado a meu conhecimento que um tal Antônio Conselheiro começou a pregar ao povo, exortando-o a praticar uma moral excessivamente rígida, perturbando assim a consciência dos homens e debilitando a autoridade sacerdotal, chamo-os a proibir todos os vossos fiéis de escutar a pregação desse homem". O arcebispo não parece ter estado muito feliz na composição de sua pastoral. A moral rígida não era uma droga no sertão e um simples leigo pode ter pensado que a melhor maneira de combater tais exortações teria sido estimular nos sacerdotes uma causa semelhante, em lugar de silenciar o intruso.

Todos os esforços do arcebispo foram infrutíferos. As pessoas continuavam acudindo à pregação do profeta, levando-lhe oferendas; e embora não haja evidências de que sua moral tenha progredido o mínimo possível, todas as igrejas da região estavam vazias e foram abandonadas.

Como os terrores da Igreja não deram resultado, o braço secular entrou na luta. As autoridades de Itapicuru escreveram (no ano de 1886) ao chefe de polícia da Bahia para a realização daquilo que era necessário.

Depois de informar-lhe que Antônio Conselheiro estava acampado perto da cidade, seguido de centenas de pessoas de ambos os sexos, continuavam dizendo: "O fanatismo de seus seguidores não tem limites. É claro que foi construída uma capela à custa da cidade, coisa muito necessária, mas o sacrifício é maior que o benefício recebido, porque todos os seguidores de Antônio Conselheiro comparecem a suas cerimônias, deixando o pároco sem congregação em sua igreja. Os fanáticos consideram seu dirigente como um deus... quase um deus vivo. É freqüente que mais de mil pessoas venham ouvi-lo pregar". Em regiões como o sertão, onde as distâncias são grandes e as estradas inexistentes, esta era uma enorme concentração de pessoas, pois os fiéis provavelmente vinham de um raio de muitas milhas. A "autoridade" continuava dizendo: "A capela custou cerca de cem mil réis e todos os trabalhadores são do Ceará. Como estes são seus paisanos, Antônio Conselheiro protege-os cegamente, permitindo-lhes cometer toda sorte de desordens contanto que sigam com seu trabalho. Tendo-se suscitado uma disputa entre os fanáticos e o pároco de Inhambupe, os dois bandos se armaram como para uma batalha e os pacíficos habitantes se aterrorizaram ao ver os sectários equipados com trabucos, espadas e navalhas, e se preparando para atacar".

A esperada batalha parece não ter ocorrido. Talvez os seguidores do pároco estivessem tão bem-armados como os sectários: porque a "autoridade" de Itapicuru não registrou nada mais sobre o assunto.

Em 1887, o arcebispo da Bahia interveio de novo, desta vez a pedido do clero da diocese, que o informou que a "causa de nossa santa fé está sofrendo pela conduta de um tal Antônio Maciel, que está tentando convencer o povo de que ele é o Espírito Santo".

Ou bem Antônio Conselheiro mostrava-se mais ambicioso em suas aspirações, ou bem, como é provável, o clero havia desvirtuado sua imagem, já que ele não parece haver formulado pretensões desse tipo nem ter dito que era outra coisa além de um homem comum que tinha uma missão a cumprir.

O Arcebispo escreveu sobre o assunto ao Governador da província, e este a um ministro de Estado, dizendo que um louco havia surgido no sertão, que aparentemente podia trazer problemas, e perguntava se havia uma cela vaga no Hospício de Alienados da capital, em que se pudesse colocá-lo. O ministro respondeu que não havia celas vagas – uma admirável e diplomática resposta, digna de qualquer departamento de Estado – e sem dúvida arquivou a correspondência, segundo os hábitos de sua classe. Nada se fez e o plano do Governador da Bahia, que parece haver sido o único homem sensato que interveio no louco assunto, foi esquecido, e a fama de Antônio Conselheiro cresceu enormemente. Começaram a ser freqüentes lendas

* Em *Os Sertões*, não está precisada a localidade. (N. T.)

em torno de seus feitos e reputadas testemunhas afirmaram, como haviam afirmado continuamente em casos similares desde que o mundo começou, que o haviam visto fazer milagres.

Em Bom Jesus, em uma ocasião em que dez vigorosos trabalhadores esforçavam-se para levantar uma viga, o profeta indicou-lhes que desistissem e, apontando com o dedo para dois deles, não dos mais robustos, ordenou-lhes que levantassem o peso, tarefa que cumpriram facilmente. Isso foi visto por bons católicos que estavam certos de não ter sido enganados. A transmissão de pensamento é um fenômeno comum; mas a transmissão de força não é tão comum, e dá confiança pensar que ambas testemunhas do fato comungavam regularmente e haviam cumprido todas suas obrigações religiosas.

Outra vez, o profeta chegou a Monte Santo e ordenou que houvesse uma grande procissão até a capela mais alta do monte. Como uma longa serpente, a multidão subia em uma linha sinuosa sobre um caminho cortado na sólida rocha. Parava para rezar em cada oratório. O calor era terrível e muitos dos fiéis vacilavam e desistiam no caminho. À frente da procissão, caminhava Antônio Conselheiro, silencioso e com aspecto de cadáver, com seu corpo consumido pelas penitências e sua alma perturbada pelo contínuo desejo de união com seu Deus.

A noite caiu sobre a multidão que se esforçava para subir e a linha de tochas que carregava deve ter parecido às pessoas das planícies circundantes uma longa fila de vaga-lumes avançando lentamente nas trevas. Finalmente chegaram à capela mais alta sobre a rocha. Ali Antônio Conselheiro sentou-se sobre uma pedra e caiu em êxtase. Por longo tempo esteve contemplando o céu, olhando as estrelas que iam aparecendo como insetos de fogo no azul profundo da noite calma do trópico. Enquanto isso os fiéis esperavam sentados nas pedras, silenciosos e maravilhados. Passando entre a multidão que se abria à medida que ele avançava, entrou na capela com os olhos voltados para o chão. Deteve-se diante do altar, ergueu a cabeça e apontou com o dedo a santíssima Virgem, Mãe de Deus, que, com seu menino nos braços, olhava compassivamente a multidão exausta que tinha lutado para subir o calvário de pedra para honrá-la e adorá-la em seu santuário. A multidão voltou-se para a Virgem e, eis, ocorreu um milagre que foi visto claramente e se manifestou diante de todos que estavam dentro do templo. Duas lágrimas de sangue rolaram pelo santo semblante – lágrimas de compaixão, disseram, por todos os sofrimentos que a multidão havia suportado em sua peregrinação. Assim, pouco a pouco, a fama do profeta foi se estabelecendo através do sertão. Seus milagres foram bem-testemunhados e acreditados, apesar de que ele mesmo nunca proferiu a menor pretensão de poder sobrenatural. Em todas suas ações, havia tido cuidado de não infringir a lei, embora seja evidente que a tensão entre seus seguidores e as autoridades ia gradualmente aumentando. A menor faísca bastava para acender a fogueira e colocar o profeta em oposição à lei e impulsioná-lo para o caminho que finalmente o conduziu a sua ruína e à morte de todos seus seguidores.

CAPÍTULO 5

À medida que as tensões entre as autoridades e os seguidores foram gradualmente aumentando e se tornaram mais sérias, também ele assumiu uma atitude diferente diante do mundo. A princípio, tinha se contentado com o papel de mártir que não se queixa, recebendo apostolicamente os açoites e todo o desprezo dos funcionários impertinentes e dos tolos, sem uma palavra de protesto. As coisas iam mudar e um dia, em um lugar chamado Natuba,* o pároco foi surpreendido pela aparição de um homem magro, descarnado e consumido pelo jejum, que pediu refúgio à noite. No sertão a hospitalidade é universal, e não se nega uma noite de hospedagem e uma cama a ninguém que peça. O hóspede incomum recusou a cama, preferindo dormir sobre uma tábua em uma galeria, vestido como estava, sem nem sequer tirar as sandálias de couro cru que calçava.

Na manhã seguinte, pediu para sair para pregar em uma festividade, já que uma multidão de camponeses havia chegado de todos os lugares para assistir à cerimônia. O pároco respondeu: "Somente um sacerdote tem competência para pregar na igreja nessas ocasiões". Em seguida o hóspede solicitou que lhe permitisse fazer a Via Sacra e isso também lhe foi negado. Então, pegando um pano de sua bolsa, agitou-o no ar e, tirando suas sandálias, sacudiu-lhes o pó diante do atônito padre; depois, olhando-o fixamente por um momento, partiu sem uma palavra, com a multidão abrindo-lhe caminho como se fosse um santo.

Assim fez seu apostólico protesto e atuou pela última vez no papel de mártir submisso, contente por sofrer todas as indignidades e oferecer a outra face. A partir desse momento, tornou-se um homem diferente, irascível diante da menor contradição; veio à tona agora uma personalidade dominante que havia estado por longo tempo submersa.

Um dia reapareceu na vila de Natuba, onde o padre havia resistido a ele. A igreja estava em ruínas e, casualmente, o padre havia saído de casa para visitar alguns paroquianos. Sem uma palavra, Antônio Conselheiro ordenou a seus seguidores juntar material para consertar a igreja e, quando o atônito padre regressou, encontrou à porta da igreja uma enorme pilha de pedras prontas para serem usadas e uma multidão acampada. Sua fúria não teve limites e imediatamente embargou as pedras, dizendo que as usaria para fazer uma estrada. Dessa vez o protesto do profeta não foi silencioso, mas de pé diante do pórtico, com os braços abertos e os olhos em fogo, lançou a mais abrangente das maldições, contra o padre, sua igreja, o povoado e todos aqueles que ali viviam, e depois partiu seguido pela multidão em procissão, cantando um hino até que tivessem deixado para trás o maldito lugar.

Assim passaram-se um ano ou dois, com seu poder sempre aumentando e seus seguidores cada vez mais numerosos. Em seguida veio a abdicação do imperador Dom Pedro de Alcântara, no ano de 1893. Esse acontecimento naturalmente mudou a perspectiva dos brasileiros sobre a política e a vida. Poucos foram mais intimamente afetados do que Antônio Conselheiro, pelo fato de ter sido criado como fora em uma atmosfera de feudalismo e clericalismo. Todas suas noções pré-concebidas sobre a autoridade foram violentadas e seus instintos religiosos receberam uma sacudida ante a atitude liberal da república. Durante o reinado de Dom Pedro, embora ele fosse liberal, as coisas haviam seguido sem alterar-se significativamente, em parte por falta de iniciativa, em parte porque a autoridade central era fraca, em parte pela falta de estradas e pelo enorme tamanho do território brasileiro.

Coisas em si mesmas normais, que a nova república se viu obrigada a instituir, pareceram audazes inovações ao povo do sertão. Até esse momento (1893), Antônio Conselheiro tinha se limitado a um protesto silencioso mas efetivo diante da letargia do clero e sua negligência em reformar suas capelas e igrejas quando estas se deterioravam. A partir de 1893, decidiu atuar como político, dirigindo seus protestos contra o governo.

Em uma cidade conhecida como Bom Conselho, teve lugar o acontecimento que o levaria a entrar em conflito com a lei. Havia sido proclamada a autonomia dos municípios, o que quer dizer que tinham poder para cobrar impostos locais, direito que lhes foi outorgado por um decreto do novo governo.

Um dia apareceu em um cartaz de anúncios de Bom Conselho alguma notícia sobre taxas e arrecadação de impostos. Não se sabe por que, já que até aquele momento Antônio Conselheiro havia dado escrupulosamente a César o que lhe era devido e indevido, explodiu sua fúria ao ver as ofensivas notícias.

Depois de um ardente sermão, chamando as pessoas a unir-se, fez acender uma fogueira e, fazendo o que ele mesmo chamou um "auto da fé", queimou o ofensivo cartaz com acompanhamento de hinos. Depois proclamou uma insurreição, dizendo que a República era um engendro de Satã e uma tentativa de paganizar o país. Feito isso, parece ter-se dado conta da gravidade de sua atitude e, seguido por seu rebanho, dirigiu-se até o norte para dar-se um campo de operações mais desanuviado em uma parte do país pouco consolidada e escassamente povoada. O governo mandou todas as forças que pôde reunir na província para capturá-lo e dispersar seus seguidores, e assim cortar a insurreição pela raiz, antes que ganhasse força. Duzentos soldados mal-armados e pior dirigidos foi tudo de que pôde lançar mão e, fora esses, só uns trinta soldados regulares estavam adequadamente equipados. Em um lugar chamado Massetê, surpeenderam os rebeldes em uma pequena planície. Os trinta soldados bem-armados avançaram sobre a multidão, seguros da vitória. Ao primeiro fogo, dezenas de sectários ficaram estendidos no campo. Depois suas fileiras atacaram abrindo as da cavalaria rústica. Esta atirou sobre os soldados, disparando seus trabucos; então caindo como um raio sobre eles com suas esporas e facas, os sectários derrotaram-nos completamente. O coronel ordenou retirada e deu o exemplo indo embora a galope, sem pensar no que poderia acontecer a seus homens buscando salvar a vida.

Muitos deles foram mortos e os que ficaram se salvaram desaparecendo rapidamente na mata. O profeta e seus seguidores tiveram sua primeira vitória e ficaram donos do campo.

Daí em diante tomaram o nome de jagunços, ou melhor, foi-lhes aplicado em reconhecimento de sua valentia diante do primeiro ataque. Sua vitória teve como resultado a atração de novos seguidores, que se aproximaram do estandarte do profeta em tal número que uma nova força de oitenta soldados enviados da Bahia não se atreveu a atacá-los e regressou sem travar combate.

Com isso, atuaram prudentemente, pois em regiões tais como o sertão, de vegetação densa e atravessadas por barreiras rochosas, as tropas regulares lutavam desvantajosamente com homens preparados para a guerra de fronteira desde sua juventude, e todos acostumados a levar armas. Esse era o selo que distinguia Antônio Conselheiro e seus prosélitos da nova República. Apesar de ser meramente um fanático em matéria religiosa, não era cego quanto às conseqüências de sua temerária ação, mesmo coroado inicialmente pela vitória.

Imediatamente percebeu que a República enviaria forças mais numerosas para prendê-lo e dispersar seus seguidores. Embora sua força tivesse crescido a partir de seu último triunfo – os camponeses de todos os lados acudiam a ele, ansiosos por beijar a barra de sua longa túnica de algodão e por aclamá-lo como um Cristo –, viu que devia refugiar-se mais longe, em algum lugar capaz de servir como defesa.

Ninguém melhor do que ele conhecia os cantos afastados do sertão. Durante quase vinte anos, ele o havia atravessado a pé e não havia fortaleza natural que desconhecesse ou caminho de montanha que não tivesse pisado em suas peregrinações. Possivelmente, muito antes de seu rompimento final com as autoridades, já tinha determinado onde restaurar e construir sua Sion, quando foi forçado a fugir para mais longe e adentrar-se na parte menos povoada do país, ou talvez deparou-se com o lugar em sua marcha em direção ao norte. Em todo caso, partiu direto para o norte com uma vasta multidão, sua companhia crescendo como uma bola de neve à medida que avançava. Finalmente, no outono do ano de 1893, chegou a Canudos, um ponto até o momento desconhecido pela fama. Ali decidiu preparar um lugar adequado para sua defesa e construir uma cidade longe dos embustes dos homens.

CAPÍTULO 6

Em 1893, depois de uma longa e penosa viagem durante a qual as pessoas caminhavam cantando hinos, com seus altares transportáveis e toscas imagens de santos à frente, o profeta atingiu sua meta. Esta era uma velha fazenda[19] arruinada e abandonada, conhecida como Canudos,[20] nome destinado a espalhar-se por toda a extensão do vasto território brasileiro. Euclides da Cunha, a maior autoridade sobre os acontecimentos que ocorreram ali e sobre a vida e a carreira de Antônio Conselheiro, em seu *Os Sertões*, conta-nos que no momento

19 Fazenda de gado ou quase qualquer outro estabelecimento rural.
20 Juncos, canas.

em que o profeta chegou não havia no lugar mais do que umas vinte cabanas. Seus habitantes eram uma população ociosa, armada até os dentes, cuja principal ocupação consistia em beber rum e fumar tabaco de produção caseira em longos cachimbos feitos com canas cortadas à margem do rio. O rio era o Vaza-Barris, um curso de água considerável ao norte do estado da Bahia, um território maior que muitos reinos do Velho Mundo. Na extensão total da vasta e turbulenta região, todos andavam armados; todos eram cavaleiros natos, cada homem, em maior ou menor grau, um devoto e crente católico, e em questões espirituais o padre local era a autoridade suprema. Naturalmente, ele tinha pouca influência sobre a conduta dos homens, já que eles sempre tiveram e possivelmente sempre terão uma forma de escapar às contrições da moralidade e da fé. Os homens ajoelham-se e comprimem a mente em uma casca de noz, considerando-se, não obstante, prontos para perseguir tudo o que difira deles; ainda assim, vivem como pagãos, sem ser influenciados pela fé que professam e menos ainda pela caridade.

Isso era o que sucedia ao povo do sertão. O pároco de Natuba,* o mesmo a quem Antônio Conselheiro havia maldito publicamente e em cujo rosto havia sacudido o pó das sandálias, deixou a informação de que os habitantes de Canudos, na época em que o profeta chegou, eram "gente ociosa e entregue ao vício". Suas miseráveis cabanas de bambu cobertas com folhas de palma, semelhantes a cabanas de índios, estavam dispersas aqui e ali sobre a margem do rio. A casa da fazenda estava totalmente em ruínas. Somente a igreja mantinha-se intacta e, ao redor dela, se agrupava o maior número de cabanas. Essa igreja estava destinada a converter-se, depois de reconstruída, no ponto de reunião da Tróia dos jagunços, para empregar a gráfica frase de Euclides da Cunha em seu relato. O rio Vaza-Barris corre, como o Escamandro, através de um leito de densos juncos.

---

* O autor menciona aqui a localidade de Cumbe, equivocadamente, pois esse episódio ocorreu em Natuba, cf. *Os Sertões*. Não se trata do mesmo pároco mencionado anteriormente, aludido em *Os Sertões* como "o vigário". (N. T.)

A paisagem estendia-se ao redor árida e mórbida, abrasada pelo sol no verão e no inverno queimada pela geada. Os montes estavam quase vazios de vegetação e, entre os escassos arbustos dispersos sobre suas ladeiras, assomava a terra vermelha, dando a impressão de que um incêndio florestal acontecia no local. Nas partes mais férteis da região, cresciam várias bromélias, como a caroá,[21] de cujas fibras os habitantes do sertão faziam cordas, redes de dormir e redes de pesca, o ananás de agulha[22] e a caatinga branca,[23] cujas folhas duras e espinhosas fornecem uma tintura amarela. Apesar da seca, aqui e ali floresciam o pereiro e o icó, curiosas árvores que suportam o calor e o frio do sertão melhor que nenhuma outra que se conhece e, embora inócuas para o gado selvagem e os cavalos, diz-se que são venenosas para os cavalos acalorados por uma corrida ou para os animais domesticados.[24]

Nesse desolado centro, isolado do mundo por montanhas, Antônio Conselheiro evidentemente pensou que o maldito governo da República não poderia penetrar nunca. Embora situado a não muito mais de duzentas milhas da cidade da Bahia, estava separado do mundo exterior pelas matas, montanhas e pela falta de estradas. A única via férrea terminava em Queimadas, a setenta ou oitenta milhas dali. Somente as pegadas do gado conduziam de lá à nova Sion, sem água na estação seca e impossíveis de transitar quando chovia, por causa da lama.

O profeta parece ter vislumbrado quão forte e defensável era a praça, ou ter sido aconselhado por algum velho soldado de sua companhia. Desde o primeiro momento de sua chegada a Canudos, dispendeu uma energia febril. Os homens o viram ansioso, supervisando os melhores lugares para cavar trincheiras, já que esta foi sua

21 *Caroa Bromelia variegata.*

22 *Bromelia muricata.*

23 *Linparen tinctorea.*

24 Não pude identificar essas árvores. Suas folhas são de um verde brilhante e, quando toda a vegetação murcha e caem as folhas de outras árvores, elas se mantêm verdes e frescas. A *Spondia tuberosa* tem as mesmas propriedades de resistência à seca.

primeira preocupação. Pregava incessantemente, anunciando a destruição do mundo, mas fazendo saber que aqueles que se reunissem em Canudos seriam salvos na hora do juízo final e suas vidas perdurariam. Uma pessoa que passou perto do recém-fundado povoado naquele momento, deixou o seguinte testemunho:[25] "Os distritos da região circundante, chegando inclusive tão longe como ao sertão de Sergipe, ficaram desabitados, tão grande era a afluência de homens e famílias que se dirigiam a Canudos, o lugar que Antônio Conselheiro havia escolhido para suas operações. Dava pena ver a extraordinária quantidade de gado, cavalos, cabras e outras coisas, como casas e propriedades, tudo vendido por menos que nada, em sua ansiedade de pôr-se a caminho e ter algum dinheiro na mão logo para ajudar o 'santo Conselheiro' em sua louca empresa".

Inhambupe, Tucano, Cumbe, Itapicuru, Bom Conselho, Natuba, Maçacará e Monte Santo, com meia centena de outros povoados no Ceará e em Pernambuco e por toda a extensão do sertão, enviaram seus habitantes. Os poucos raros viajantes que se aventuravam em regiões tão remotas voltavam atônitos diante do que haviam visto nos povoados desertos. Estes haviam ficado sem dono, com as portas abertas e os animais selvagens saídos da mata perambulando à vontade pelas ruas.

Sobre os caminhos das montanhas e avançando lenta e penosamente a partir das aldeias da costa, vinham longas procissões, levando à frente seu gado bovino e ovino. Em primitivos carros de boi, empilhavam-se seus filhos, seus altares e imagens de santos e seus escassos móveis. Percorriam um caminho sinuoso, fatigando-se através de matas e passagens de montanhas, todos entoando hinos, armados até os dentes e muitos deles, montados nos cavalos pequenos e vigorosos da região, recolhendo forragem. Quando haviam passado a última curva da penosa rota e finalmente aparecia o almejado santuário ao qual haviam convergido, ecapando à ira que muito em breve iria cair

25 O Barão de Geremoabo.

sobre o mundo, caíam de joelhos. Rolavam lágrimas pelas faces dos vaqueiros que, desmontando de seus animais, lançavam-se ao solo. Mulheres exaustas golpevam o peito, as crianças choramingavam, o gado mugia, cessava o ranger das rodas sem lubrificação e, depois de rezar, uniam-se aos demais entoando hinos de alegria e gratidão. Diante deles estendia-se a terra da promissão, fechada por montanhas e isolada do mundo, mas para eles santificada por todos os sofrimentos que haviam suportado em sua peregrinação. Depois de sua viagem, por fim Canaã era sua e estavam a salvo, pelo menos por breve tempo, antes do dia do juízo. Os bois eram desjungidos, os rebanhos e cavalos afastados para que comessem e então um anel de fogueiras acesas nos morros circundava o povoado com suas chamas.

Passavam geralmente a noite em oração e ação de graças, e de manhã começavam logo cedo para ver o "Conselheiro". Cumpridas suas obrigações piedosas, sua primeira preocupação era procurar um lugar onde viver. Por todos os lados surgiam casas como em um passe de mágica, tão rapidamente que pareciam brotar do solo como fungos depois da chuva. Seu caráter rudimentar permitia aos construtores fazer dez ou doze delas todos os dias. Cada família erguia sua moradia exatamente como queria e onde queria, enquanto houvesse espaço.

Nunca se viu nada tão monstruoso ou caótico como a Nova Sion, onde cada um vivia sob sua lei, sempre e quando entregasse todos seus bens ao fundo comum e buscasse no bom Conselheiro o guia espiritual e a salvação da iminente sentença que ameaçava a humanidade. Assim, as casas de bambu surgiam sem planejamento prévio de ruas, amontoadas, formando o mais peculiar e heterogêneo conjunto de moradias humanas, muito mais rudimentar que qualquer aldeia de índios na selva. Formavam-se, pois, ruazinhas retorcidas e angulosas e de fácil defesa, que provaram ser de grande utilidade para seus defensores na luta que sobreviria. O pequeno morro chamado A Favela dominava o único espaço aberto. Outro, de nome Os Pelados, terminava em um barranco íngreme sobre o rio Vaza-Barris. Dois riachos, o Mucuim e o Umburanas, atravessavam o povoado e foram unidos por valas que o profeta, com olho perspicaz sobre as possibilidades futuras, fez cavar. As casas da moderna Sion construíam-se segundo um planejamento invariável. De fora, pareciam um pouco com ninhos de avestruz ou com os toscos abrigos dos gorilas, feitas todas de cana e cobertas com juncos e folhas de palmas. Ao preocupar-se pouco com a durabilidade, os construtores agiram com bastante lógica. Quem se esforçaria para erigir o Partenon (exceto um artista, para sua própria satisfação) se este estava destinado a sucumbir tão logo estivesse construído?

"Por dentro, todas as cabanas tinham três compartimentos, à maneira das construções primitivas dos gauleses, segundo os 'Comentários' de César. Primeiro vinha um pequeno *hall* de entrada, depois um átrium que usavam indiferentemente como cozinha e sala de jantar. Finalmente, uma porta baixa e grossa dava acesso ao dormitório, destinado às mulheres e crianças da família. Em um escuro canto da parede, rebocada com barro, havia um altar, à primeira vista mal perceptível por causa da fumaça e da penumbra. Por ali estavam postas ou penduradas imagens de santos, toscamente talhadas em madeira, com aspecto de ídolos de uma casa de feitiçaria de Calabar ou de algumas aldeias de Camarões. Figuras de Santo Antônio, semelhantes a fetiches, e virgens tão horríveis que pareciam bruxas custodiavam o oratório, de aspecto pagão. Duas ou três fortes banquetas, um ou dois caixotes de cedro, ou cestas de junco cobertas, e um candelabro de lata pendurado no teto formavam todo o mobiliário. Não havia camas, nem mesas, já que comiam de cócoras sobre o piso da cozinha e dormiam em redes ou no chão, sobre suas selas".[26]

Um recipiente para água de couro cru, que ali chamam bogó, e algumas toscas sacolas de caça, penduradas em ganchos fixados às paredes de adobe, junto com laços, rédeas, esporas e mantas para as montarias. Em um canto da cabana, apoiados na parede, havia machados e esporas, com uns poucos arados rústicos e picaretas. Suas

26 Euclides da Cunha, *Os Sertões*.

armas eram todos os tipos de facas usados no sertão, desde a pequena faca de ponta, que levavam na cinta, até a longa parnaíba, encaixada entre as cilhas da montaria. Baionetas com cabo de madeira, fixado com uma cauda de vaca que se umedece e se deixa encolher e endurecer, velhas espadas com empunhadura de madeira, mas afiadas como navalhas, e esporas para o gado com forma de tridentes estavam nas mãos de todos. Suas armas de fogo eram igualmente variadas. Formavam seu armamento velhos trabucos e pistolas de boca larga, que carregavam com qualquer coisa que estivesse à mão, como chumbinho, pedregulhos, pedaços de metal e de osso; escopetas de cano longo; e de vez em quando um rifle moderno, comprado na Bahia ou em Pernambuco.

Mantinham tudo bem limpo e lubrificado, pronto para agir rápido, pois sabiam muito bem que sua Sion seria atacada em breve. A aglomeração de cabanas de bambu assimilava-se tanto à cor predominante na paisagem que a pouca distância era invisível, até que foi construída sua grande igreja. Inclusive quando esta se ergueu, alta e babilônica sobre o povoado, poder-se-ia tê-la tomado por um montículo de terra ou um promontório natural na paisagem parda que a circundava.

Antônio Conselheiro – ou seu assessor militar – aproveitou muito esta característica de invisibilidade, cavando trincheiras com seus parapeitos inclinados para o chão, de maneira tal que Canudos, apesar de estar cuidadosamente fortificada, parecia exposta ao ataque.

CAPÍTULO 7

Abertas suas trincheiras e abrigada a população sempre crescente que havia confluído a Canudos, o primeiro cuidado de Antônio Conselheiro foi traçar um esquema de vida para seus habitantes. Ele tinha, é claro, a máxima autoridade, à maneira de todos os profetas e líderes democráticos quando alcançaram o poder. Quando um homem está convencido, como Antônio Conselheiro estava – pois sem dúvida ele era totalmente honesto em sua fé em si mesmo –, de que é o vigário de Deus sobre a terra, nada mais natural que fazer-se obedecer.

As intrincadas ruelas formadas pela fantástica aglomeração das cabanas, os morros circundantes e, sobretudo, a sólida posição sobre a margem do rio, asseguravam o líder contra um ataque de surpresa. Vistas a curta distância, as cabanas de sapé e a terra marrom dos aterros diluíam-se na paisagem, tornando o conjunto quase invisível e difícil de colocá-lo sob fogo de artilharia. O gado bovino e ovino da comunidade pastava protegido por uma guarda armada de vaqueiros, na retaguarda da posição, sobre as terras da velha fazenda. A água era sempre fácil de obter dos vários rios que corriam perto do povoado, e cada grupo de peregrinos trazia certa quantidade de grãos que era colocada no celeiro comum.

Sentindo-se seguro, ao menos por um tempo considerável, começou a moldar as vidas dos habitantes de acordo com sua vontade. Deixou a conduta ao gosto de cada um, dando-lhe pouca importância, aparentemente, já que a fé era seu principal forte em um mundo que iria desaparecer tão em breve. Os fiéis acrescentavam ao tesouro noventa por cento de seus bens mundanos, considerando-se felizes com o pouco que lhes restava para suas meras necessidades materiais. "Bem-aventurados os que sofrem" era o tema com o qual ornamentava todos os sermões que dirigia a seus seguidores. Prescrevia um jejum estrito, dando como exemplo sua própria pessoa, e prolongada abstinência até não ser mais que um esqueleto. Tinham que passar a maior parte do dia cantando hinos e litanias. Os sermões eram freqüentes e toda a população devia assistir a eles sob pena de penitência e castigo.

Sob este regime religioso, os simples sertanejos tornaram-se os mais ferozes fanáticos e mereceram bem o nome de jagunços[27] pelo qual começavam a ser conhecidos. Todos andavam armados até os

27 Veja a "Introdução".

dentes, prontos para cumprir o mandato de seu profeta ao menor sinal; a vida humana, nunca muito valorizada no sertão, tornou-se ainda menos valiosa, embora não se possa dizer que Antônio Conselheiro por si mesmo fosse cruel ou se deleitasse com o sangue.

Como outros gnósticos, ele sustentava que a virtude era supérflua, já que o fim do mundo aproximava-se veloz, considerando-a aparentemente uma espécie de vaidade ou, por assim dizer, uma presunção de superioridade sobre o próximo.

Qualquer coisa que enobrecesse a vida aqui, nesta existência transitória, teria sabor de irreverência e como uma sublevação contra a Divindade, que havia decretado a destruição do mundo. Dava pouca importância ao casamento, como Montano no século II. Embora nenhum dos dois tenha sustentado que este fosse simplesmente uma licença para fornicar, como o fizeram certas seitas gnósticas, inclusive quiçá Tertuliano, Antônio Conselheiro considerava-o um desígnio de perfeição impossível de cumprir, pensando talvez que era desnecessário gerar filhos em um mundo que iria desaparecer tão em breve. Parece ter tolerado o amor livre, ou pelo menos não ter feito averiguações sobre a conduta de seus seguidores. Eles, por sua parte, tiraram total vantagem de sua tolerância e, depois de passar todo o dia ouvindo a pregação do profeta, ou cantando litanias, de noite entregavam-se a orgias do mesmo feitio que a "comunhão mística" dos carpocrácios durante os ágapes. Por certo, a questão foi debatida desde a criação do mundo e ainda é discutível se o homem cumpre melhor sua missão vivendo sossegadamente sob as leis que o Estado lhe impõe, pagando suas dívidas, casando-se somente com uma mulher por vez e educando todos seus filhos, ou bem entregando-se a seus próprios desejos e lavando depois seus pecados em um Niágara de lágrimas. A parábola do filho pródigo é, obviamente, o mais forte argumento a favor da segunda via, embora para algumas mentes o arrependimento seja, no melhor dos casos, algo mesquinho, especialmente quando conduz o penitente a obter o melhor das duas linhas de conduta que um homem pode seguir. "Arrependa-se e não volte a pecar", é algo assim como um seguro moral contra incêndios.

Nenhuma de tais idéias entrava nas cabeças dos jagunços, que cantavam seus hinos com fervor, passavam horas na igreja e fornicavam briosamente, bebendo todo o aguardente que podiam conseguir (porque não havia jejum de bebida) e esperando pacientemente a destruição da humanidade.

Em seus sermões a seus bem-armados santos, Antônio Conselheiro freqüentemente estendia-se sobre o tema do "Bem-aventurados os que sofrem", exortando seus ouvintes a afastar-se das comodidades, da boa comida e das boas roupas como quem foge da peste. Melhor um pecado mortal, dizia, que um excesso de comodidade, sustentando, como o fizeram os monges da *Tebaida*, que a sujeira e a ignorância, a indolência e a flagelação da carne eram coisas mais aceitáveis para Ele, que ao mesmo tempo havia dado aos homens a razão com a qual modelar suas vidas.

Assim, desde o princípio, os profetas deram por certo que conheciam a mente de Deus melhor do que Ele Mesmo, posto que a vaidade e o orgulho, mascarados com farrapos e miséria, foram suas estrelas guias. Porém, é evidente que Antônio Conselheiro pregava de boa fé e com toda sinceridade. Se não o tivesse feito, não haveria tido seguidores, pois deixe que um extático, um místico, um revolucionário ou qualquer outra espécie de homem duvide da fé de seu líder e ele não o seguirá mais.

Antônio Conselheiro praticava tudo o que pregava, jejuando até o ponto de verdadeira inanição, permanecendo às vezes horas de joelhos, em êxtase diante das figuras toscamente entalhadas dos santos, outras vezes ocupando-se de assuntos públicos – porque ele era sacerdote e rei. Embora uma promiscuidade quase absoluta reinasse entre os fiéis, até um grau inacreditável, ninguém levantou nunca uma só acusação que vinculasse seu nome a questões sexuais.

Sua vida privada era pura, sua casa não era melhor que as milhares de cabanas apinhadas por todos os lados.

Sua comida era simples e sua roupa, sempre a invariável túnica de algodão azul amarrada na cintura.

Sua tolerância ou seu cinismo – porque em alguns líderes religiosos não é fácil distinguir com precisão ambas coisas, pelo menos para uma mente profana – englobava tudo.

Em uma ocasião, trouxeram-lhe a queixa de que um jagunço, em um excesso de fervor piedoso, tinha seduzido uma menina de tenra idade. Ele respondeu: "Ela seguiu o destino de todas, passou sob a árvore do bem e do mal".

Este aforismo deve ter parecido aos jagunços uma inspiração, já que passou a ser quase um provérbio no sertão durante o reinado do profeta. Seu feroz cinismo parece ter-lhes passado desapercebido. A frase, com seu sabor bíblico, pareceu-lhes sem dúvida ditada das alturas. Assim o profeta Samuel despedaçou Agag diante do Senhor, indiferente a todo senso de honra e fé, e liqüidou o assunto com uma frase. Cada dia o profeta aconselhava seus fiéis, apontando-lhes o caminho a seguir e fazendo milagres de vez em quando.

Um dia, um de seus seguidores, esgotado pelo jejum, foi visitá-lo e convidado a sentar-se para compartilhar sua frugal comida. Quando se foi, embora mal tenha comido, proclamou que se sentia como se tivesse se levantado de um banquete, forte e reanimado pela comida. A surpreendente notícia percorreu o povoado e todos se regozijaram, tanto pelo milagre como porque este era um sinal que o Senhor tinha dado a seu Conselheiro. Se Antônio Conselheiro queria abater com o jejum os corpos das pessoas, para assim exaltar sua mente, ninguém pode dizê-lo; mas é certo que toda a população de Canudos vivia em uma peregrinação, por assim dizer, de corpo e mente. A pessoa nesse estado é mais facilmente movida a atos de heroísmo e abnegação que aqueles que levam uma vida comum, casando-se e se entregando em matrimônio, comprando e vendendo, e anotando suas contas em dupla entrada. Grande parte dos seguidores do profeta eram pessoas simples, que acreditavam realmente que a destruição do mundo estava ao alcance da mão e praticavam o jejum e os ritos de sua religião com absoluta boa fé. Chegaram outros de muito diferente compleição; ele os aceitava sem uma pergunta, sustentando talvez que a adesão a sua causa apagava seus crimes; ou compreendendo que se a meta está assegurada, importa pouco se a mão que dispara a arma está ensopada de infâmia. Dessa forma, homicidas e ladrões de gado, os homens degradados do sertão afluíam a Canudos e eram recebidos no rebanho.

Logo se reuniu a seu redor uma espécie de bando de jagunços cantadores de coro de aleluias, muito parecidos com os Danitas que rodearam a Brigham Young em Salt Lake City, nos primeiros dias do mormonismo. A flor e nata da sem-vergonhice dos jagunços chegou a Canudos para formar sua guarda pessoal. Todos eles tinham a vida humana em preço muito baixo, porque tinham arriscado a própria centenas de vezes em empresas desesperadas. Todos eram bons cavaleiros, hábeis com o laço e a lança, e todos eram homens acostumados à faca, por tê-la usado mais de uma vez em feiras e romarias. Todos levavam armas de vários tipos e as usavam habilmente, e não havia entre eles um velhaco que não devesse uma ou duas vidas.

José Venâncio, o terror de Volta Grande, que havia cometido meia dezena de homicídios, apareceu um dia diante de Antônio Conselheiro e, ajoelhando-se no pó, golpeou o peito, dizendo que era um miserável pecador e implorando para ser salvo. O profeta o perdoou e simpatizou com ele imediatamente, segundo parece, sem nem sequer a vã formalidade de dizer-lhe que não pecasse mais e vivesse virtuosamente.

Depois apareceu Pajeú, um rufião que tinha cometido inumeráveis crimes, mas um gênio nato para a luta na selva e a guerrilha. Alto e bem-formado, sua cara era chata e de feições negras, seus membros atléticos e todo seu ar o de um assassino impregnado de infâmia. O profeta, conhecendo sua fama como chefe guerrilheiro, pois o havia demonstrado em uma dezena de confrontos, nomeou-o seu assistente. Lalau, outro meliante de mesma índole e amigo de Pajeú, chegou e também se ajoelhou diante do profeta, com um rifle na mão.

Chiquinho e João da Mota, irmãos e salteadores de estradas, arrastaram-se diante do altar como um par de "lobos sagrados". Foram nomeados cabos da guarda de sentinelas, cuja tarefa era vigiar a entrada da povoação, na conjunção dos rios Cocorobó e Uauá, onde desembocam no riacho principal. Pedro, um cafuzo[28] bestial, com trinta homens selecionados ocupavam as ladeiras do morro chamado Canabrava. Estêvão, um negro cujo corpo coberto de cicatrizes de velhas feridas de faca e bala parecia estar tatuado, guardava o Cambaio. Joaquim Tranca-pés[29] estava responsável por Angico, outro ponto estratégico. O "Major" Sariema, um homem de melhor educação que os demais, temerário e turbulento, não tinha uma tarefa particularmente determinada, mas conduziu os espíritos mais indomáveis em cada carga, durante o cerco, até que encontrou a morte. Raimundo Bocatorta,[30] de Itapicuru, metade cômico, metade trágico em seu aspecto, também chegou mostrando sua pinta de ator de sainete cruzada com a de candidato à forca. Chico Ema, parecido com um cervato, mais tarde chefe dos exploradores, junto com um líder guerrilheiro de alguma reputação, chamado Norberto, alistou-se nas piedosas fileiras e lutaram até a morte durante os últimos dias da Sion que haviam escolhido defender. Quimquim de Coiqui, um homem que havia abjurado de toda espécie de religião, sentiu tocado seu coração, mais uma vez inclinou a cabeça reverentemente e, enquanto choramingava diante da cruz, passava entre seus dedos as contas do rosário.

Antônio Fogueteiro, um ex-pregador leigo, provou ser infatigável ganhando novos prosélitos. José Gamo, um ladrão de gado, e Fabrício de Cocoboco, que parece não ter tido nenhuma qualificação especial, salvo sua fé, contavam entre esses prosélitos.

Alheio à credibilidade geral, o astuto Vila-Nova ofereceu seus serviços e, de joelhos diante do altar, imitava os que rezavam e golpeavam o peito, embora seus pensamentos estivessem provavelmente fixos em seus malvados planos. O velho Macambira, nada ansioso por entrar em combate e conhecido como "Coração Mole", e seu filho Joaquim chegaram um dia e, descendo do cavalo, lança-

28 Cruzamento de índio e negro.
29 O que tropeça. Trancar é "tropeçar".
30 Boca retorcida.

ram-se ao solo diante do profeta e lhe juraram fidelidade. Embora de coração mole, segundo a expressão dos jagunços, o velho Macambira era mesmo perigoso. Famoso nas assembléias, sua mente calculadora concebeu os planos para a maior parte das surpresas e emboscadas que custaram ao governo tantos soldados, embora ele mesmo se mantivesse fora de perigo e nunca arriscasse sua vida. Seu filho Joaquim, não obstante ser um jovem de poucos anos, morreu heroicamente.

Antônio Beato, um mulato magro que se tornou mais magro ainda pelo jejum, agregava o elemento cômico e era, na realidade, um desses semiloucos que aparecem em tempos de dificuldades e revoltas. Metade soldado e metade sacristão, trazia um missal em uma mão e um trabuco na outra. Antônio Conselheiro usou-o como espião de seus seguidores e ele transmitia ao chefe tudo o que ouvia por aí no povoado. Ninguém estava a salvo do mulato, inteligente parcialmente, mas astuto, e quando passava pela rua todas as conversas cessavam até que tivesse ido embora.

Somente um homem era inocente e puro em sua vida e passava seu tempo fazendo boas obras. Era o curandeiro Manuel Quadrado, que olhava tudo o que via com a mais completa indiferença, ocupando seu tempo em juntar ervas medicinais na mata.

José Félix, conhecido como Taramela,[31] e Antônio Beato protegiam o santuário e tinham as chaves dos enormes baús em que se guardavam os míseros trajes usados nas procissões e cerimônias.

Por último, o governador (Chefe do Povo), João Abade, astuto e dominador, estava encarregado de manter a ordem na população civil, tarefa que cumpria com grande habilidade, já que entendia seus compatriotas e sua mentalidade. Rodeado por essa escolta de malfeitores e fanáticos, Antônio Conselheiro dispunha de autoridade absoluta sobre seus seguidores. Não parece ter abusado dela ou tê-la usado em benefício próprio, mas direcionava tudo para seus fins de

31 Taramela de moinho, ou seja, um charlatão.

disciplinar religiosamente a vida. As preces cresciam e se prolongavam diariamente e as litanias duravam horas; mas o momento supremo e culminante era "o beijo dos santos".

Antônio Beato avançava lentamente para a igreja, com o peculiar gingado do mulato, levando um crucifixo. Sobre os degraus do altar, voltava-se para a congregação com o aspecto de um faquir em êxtase. Apertando o crucifixo contra o peito, caía de bruços no solo e o beijava fervorosamente.

Depois dava o crucifixo ao adorador mais próximo, que o beijava e o passava. Assim circulava ao redor da igreja, seguido pelas imagens dos santos, que passavam todas de mão em mão entre os fiéis e eram devotamente beijadas.

O resultado era uma cena de eretismo religioso crescente. Gemidos, gritos e soluços brotavam da tensa assembléia. As mulheres caíam no chão e se retorciam, exclamando "Jesus! Jesus!". As crianças gritavam e se agarravam ao rebuço de suas mães. Os rudes vaqueiros golpeavam-se no peito, enquanto as lágrimas rolavam por suas faces. Um estremecimento como de erotomania religiosa sacudia cada membro, distorcendo cada semblante em uma espécie de careta, metade amorosa, metade demoníaca. Inclusive os líderes entregavam-se a isso. O horrível Pajeú jogava fervorosamente seus braços sobre uma "irmã", enquanto o velho Macambira olhava de soslaio uma donzela de quinze anos com a expressão de um sátiro piedoso "entalhado em ébano". Os outros uivavam e, agitando os braços, lançavam seus gritos de guerra, como se quisessem tomar o céu por assalto, levando consigo seu profeta para instalá-lo nas alturas.

De repente, tudo se apaziguava, como em um passe de mágica, e todos os olhos se voltavam para Antônio Conselheiro, que estava de pé junto a uma mesa, no ante-altar, pedindo silêncio com a mão, à maneira de São Paulo no Areópago.

CAPÍTULO 8

Em voz baixa e com os olhos fixos no chão, começava a falar à multidão reunida, pela qual corria uma espécie de murmúrio como o que corre pelo mar calmo depois de uma forte tormenta.

O enorme templo, parcialmente terminado, estava abarrotado até transbordar por uma multidão composta em sua maior parte por mulheres vestidas de um branco encardido. Aqui e ali havia homens e jovens dispersos e, agrupados perto da porta, estavam os líderes da temível guerrilha, todos armados até os dentes. O templo estava ainda aberto ao céu, cruzado aqui e ali pelas vigas que iam sustentar o projetado teto. A atmosfera estava quente como um forno. Pouco a pouco, o orador ia se entusiasmando, levantava a cabeça e irrompia em denúncias contra a República e suas obras. Deus havia abandonado seus representantes. Os ímpios sacerdotes desejavam destruir a religião e converter todos em meros ateus, somente dignos do inferno. Se isso prevalecesse, o reinado do Anti-Cristo seria certo. Diante da menção do terrível nome, a audiência explodia em gritos de "Jesus! Jesus!" "Viva nosso bom Conselheiro!" "Viva Deus!". Os olhos do pregador pareciam lançar fogo. Ninguém se atrevia a olhá-lo no rosto. As mulheres cobriam suas cabeças com seus sujos mantos esbranquiçados, as crianças se encolhiam junto a elas, presas a suas mãos; mesmo os jagunços que vestiam couro estavam comovidos e as lágrimas rolavam por suas faces endurecidas pelo sol e pelo frio. Somente seus líderes mantinham uma expressão de estoicismo, mas levantavam os braços no ar balançando facas e rifles. O orador detinha-se um momento, jogando para trás o cabelo. O suor corria por seu rosto. Então se introduzia impetuosamente em uma veia de profecia. O reino de Deus estava próximo. Ele desceria em majestade e poder, confundiria seus inimigos e destruiria a ímpia República; expulsaria de sua sede os poderosos; exaltaria os que sofrem, os pobres – Seus pobres – e abrasaria aqueles que se haviam negado a vir escutar seu Conselheiro. Quando a demoníaca República tivesse desaparecido, o Rei, Dom Sebastião, reinaria novamente em glória por um breve tempo, antes da destruição do mundo. Depois, pouco a pouco, Antônio Conselheiro terminava seu discurso, até que ao final voltava a ficar com os olhos voltados para o chão, resmungando meias frases, como em um êxtase. Quando cessava, o efeito sobre a Congregação era elétrico. Explodiam gemidos, suspiros e exclamações entrecortadas e era como se tivessem aplicado uma corrente magnética sobre a assembléia, porque vibrava e estremecia em um orgasmo de fé.

Lentamente saíam em fila da construção e se dispersavam, e logo Canudos, esgotado por sua fé, ficava em silêncio, com seu povo dormindo até se recompor de seu desenfreio.

Versos toscos celebravam o escutado em inseguras estrofes. Algumas se conservaram, tais como "O Anti-Christo nasceu/ Para o Brasil governar/ Mais ahi está o Conselheiro/ Para delle nos livrar!"; "Visita nos vem fazer/ Nosso rei D. Sebastião/ Coitado daquelle pobre/ Que estiver na lei do cão!". Essas rudes efusões mostram o intelecto e a fé dos seguidores do profeta. Ele mesmo não podia ter senão uma vaga idéia de uma república e, até onde se pode ver, ela não o havia inquietado de modo algum, na medida em que sua revolta concernia inteiramente a assuntos espirituais. Na realidade, os sertanejos não tinham maior afeto pelo Imperador do que pelo Presidente, nem entendiam os princípios de um ou outro governo. Tudo o que queriam era que os deixassem viver suas vidas a sua maneira, cuidando de seu gado, escutando sermões, cantando intermináveis hinos, e dirimindo suas disputas particulares com um trabuco ou uma navalha, ao modo de seus ancestrais, os bandeirantes,[32] que haviam colonizado a terra.

O próprio Antônio Conselheiro não se rebelava tanto contra a autoridade como contra a vida, possivelmente esperando dela mais do que pode dar em seu lado espiritual, sem entender que um belo dia, com saúde para desfrutá-la, é o mais espiritual dos prazeres ao alcance da humanidade. Porém, Antônio Conselheiro não estava sempre

32 Veja a "Introdução".

nas nuvens ou no púlpito, pregando para seus adeptos. Como outros místicos, tinha um lado prático muito forte. Era algo a ser visto durante todo o dia inspecionando os encarregados de cavar trincheiras e de construir paliçadas alinhadas ao longo do rio, atrás das quais pudessem ser estendidos os rifleiros. Uma coisa acima de todas reclamava sua especial atenção. Era a construção de um templo à altura das circunstâncias, suficientemente grande para abrigar a enorme multidão que ali se reunia e para sustentar a dignidade que se deve atribuir à última igreja construída antes da destruição do mundo. Os fiéis trabalhavam gratuitamente. O material era trazido de todas as regiões do sertão e havia pilhas de madeira, de pedras e de telhas por todos os lados da praça principal. Os construtores trabalhavam com a freqüência de formigas, possuídos, deixando de lado o instinto, de um fervor religioso que lhes impulsionava o trabalho. Desde a construção das pirâmides, a humanidade não havia visto tal multidão de trabalhadores não especialistas transportando vigas e pedras para sua vasta empresa. A diferença estava no fato de que em Canudos todos trabalhavam voluntariamente, sem um supervisor, salvo o próprio Conselheiro. A toda hora ele estava entre seus obreiros, sem falar com ninguém, mas olhando tudo. Nada parece tê-lo acovardado. As geladas manhãs do sertão, com o termômetro bastante abaixo do ponto de congelamento, encontravam-no, ao raiar da aurora, com a cabeça descoberta, vestido com sua túnica de algodão, em seu posto de trabalho.

Ao meio-dia, quando o impetuoso sol, inclusive depois das manhãs geladas, derramava-se como chumbo derretido sobre a terra argilosa dos áridos montes que rodeiam Canudos, ele ainda estava fazendo suas rondas. Seus obreiros olhavam-no, com uma mistura de admiração e medo, caminhar como um equilibrista ou um sonâmbulo através de vigas estendidas entre as paredes, a uma altura prodigiosa, tão impávido como quando andava pelo chão. Lentamente, a monstruosa e babilônica construção ia se erguendo, dentro de uma massa de andaimes rústicos sustentados por cordas feitas com couro cru ou por cipós cortados das árvores. Em pouco tempo, dominou todo o povoado, elevando-se sobre a humilde igreja da fazenda, a qual logo tornou pequena e insignificante. Solidamente edificada em forma retangular, o que lhe dava o ar de uma fortaleza medieval ou pré-histórica erguida por algum Nemrod para chegar ao céu e dominar a humanidade, destacava-se sobre o povoado. Em meio à paisagem inerte, onde poucas árvores, além da mangabeira,[33] suportam as terríveis e bruscas variações de temperatura e conservam suas folhas, o templo gigante avançava, escuro e ameaçador. Suas paredes eram pardas, a cor predominante da pedra do sertão. O extenso mar de cabanas era pardo e sem brilho. Fora de seu raio e do outro lado do rio Vaza-Barris, os baixos e ondulados montes pareciam calcinados e tão ermos como as montanhas da lua. A maioria dos obreiros usava a roupa de couro de veado dos vaqueiros, e trabalhavam em uma nuvem de pó que tingia seus rostos de um pardo ainda mais escuro.

O pó flutuava acima de tudo, tornando Canudos e seu templo em construção quase invisíveis dentro de sua depressão, vistos a pouca distância. Um viajante que passasse pelos morros não teria visto nada, salvo o simum levantado pelos obreiros descalços, rasgado pelas altas paredes do templo que ia se erguendo e pelos gritos dos que se dedicavam ao trabalho, protegidos e isolados da humanidade. O templo da Sion dos jagunços não foi terminado nunca; mas ainda assim ele ocuparia seu papel no espaço em que iria ter lugar. Enquanto isso, como um segundo Birs-Nemrod, elevava-se sobre a rancharia[34] parda e baixa dos sectários.

Lá longe, no Rio de Janeiro, o governo estava sem dúvida imperfeitamente informado sobre o que estava acontecendo no sertão. A princípio, viu-o somente como uma reação monárquica encabeçada por Antônio Conselheiro. Nos principais jornais do Rio de Janeiro, costumavam aparecer artigos que falavam do sertão como uma segunda La Vendée, e suspeitavam que havia dinheiro europeu

33 *Ribeirea sorbilis.*

34 "Rancharia" é a palavra normalmente usada para um grupo de cabanas de índios ou negros das Américas. Não existe nenhuma palavra em inglês para isso, já que não temos tal reunião de cabanas.

fomentando planos contra "nossa liberdade" e tratando de "plantar uma vez mais a garra de ferro da águia imperial no coração de nossa amada terra natal". Pode ser que esses artigos estivessem dirigidos a conspiradores da própria capital, como costumavam fazer todos os governos, que nunca querem seguir pelo caminho direto quando se pode encontrar uma vereda torta. Deviam ter sabido que no sertão o povo não sente realmente afeição por nenhum governo, e era evidente para todo o Brasil que o Imperador Dom Pedro, homem tranqüilo e com vocação científica, estava encantado por ter terminado de uma vez com a política e por retirar-se para seu laboratório. Antes de apelar para o princípio da força, pelo qual todo governo deve em última instância tomar partido, a autoridade central enviou um missionário, para tentar persuadir os revolucionários a voltar a seu rebanho.

Em 1895, em um entardecer do mês de maio, sobre uma das montanhas que rodeavam Canudos, apareceu uma figura não vista por seus habitantes desde que haviam construído o povoado. Frei João Evangelista de Monte-Marciano era o emissário. Este, que era capuchinho e homem de letras,[35] levava dois acompanhantes, o pároco de Cumbe, que já havia se enfrentado com o profeta,* e outro capuchinho, Frei Caetano de São Leo. Os três devem ter sido homens decididos e valentes para meter a cabeça na cova do leão, desarmados e sem escolta.

Lentamente foram entrando na cidade, para surpresa de seus habitantes. Frei Monte-Marciano carregava um crucifixo e os três avançavam cantando uma litania, uma espécie de "*morituri te salutemos*", poder-se-ia dizer, antes do sacrifício. Em seu "Relatório", Frei Monte-Marciano nos diz que "a praça central estava repleta de gente apinhada uma sobre a outra", que todos estavam armados até os dentes com navalhas e rifles, com espadas e esporas para o gado com

---

* Trata-se do Padre Vicente Sabino dos Santos, cf. *Os Sertões*. Euclides da Cunha não afirma ser o mesmo dos episódios anteriores. (N. T.)

35 Em seu "Relatório", apresentou por escrito o resultado de sua missão e deu informações muito interessantes sobre Canudos.

ponta de ferro". Tudo isso não parece ter intimidado a ele nem a seus companheiros de incursão apostólica.

Passaram em frente à velha igreja da fazenda, agora convertida em capela, e seguiram adiante através de uma densa multidão. Meteram-se por uma ruazinha escura e sinuosa, onde todos os habitantes saíam à porta "com um ar inquieto, sinistro e inquisitivo, que revelava suas consciências perturbadas e suas hostis intenções", como o intrépido frade anotou em seu "Relatório". O pároco de Cumbe tinha uma residência oficial na antiga aldeia convertida agora em cidade. O trio dirigiu seus passos para lá e a encontrou fechada e desmoronando. A seu redor, haviam se reunido grupos de homens, todos armados, que os olhavam com ferocidade, sem dizer uma palavra. Sua situação não era agradável e seu desgosto e apreensão aumentaram ao ver que oito cadáveres eram levados ao cemitério sem os sinais externos de um enterro cristão. Rufiões armados levavam os corpos às pressas, envoltos em suas redes, como se, segundo a impactante frase usada por Euclides da Cunha em sua descrição, "um morto nessa cidade fosse um desertor do martírio, que merecia ser enterrado como um cachorro".

A notícia da chegada dos emissários chegou a Antônio Conselheiro quando estava em sua tarefa diária de supervisão. Não se deu por informado, mas seguiu com seu trabalho como sempre, e depois, entrando na capela, entregou-se a suas preces cotidianas. Os missionários, assim ignorados, viram-se obrigados a ir até ele e, voltando pela mesma ruazinha escura e sinuosa, entre uma multidão cada vez mais hostil, finalmente chegaram à igreja. Abrindo a porta, fizeram a saudação costumeira: "Louvado seja Nosso Senhor Jesus Cristo", e para seu contentamento Antônio Conselheiro avançou e lhes respondeu: "Seja para sempre bendito e louvado", e então souberam que estavam a salvo.

Frei Monte-Marciano ficou muito impressionado com o aspecto do profeta e seu "ar de penitência".

"Seu cabelo longo e despenteado começava a ficar grisalho; sua cara, consumida pelo jejum, parecia a de um cadáver quando avançava pela igreja a nosso encontro". Antônio Conselheiro parecia estar contente com a visita dos frades e, apoiando-se em seu cajado de peregrino e inclinando um pouco para a frente seu corpo frágil e estragado, deu-lhes cordialmente as boas-vindas. Por um momento parecia ter deixado de lado sua habitual reserva. Contou-lhes como caminhavam os trabalhos, ofereceu-se para mostrar-lhes a igreja e, indo na frente, serviu-lhes de guia, detendo-se em uma ocasião por um acesso de tosse que o sacudiu tão terrivelmente que Frei Monte-Marciano temeu que pudesse morrer.

Os frades estavam atônitos, porque haviam esperado uma forma bem diferente de recepção na cova do leão. Pensaram que sua vitória já estava meio conquistada e seus espíritos se animaram, pois estavam pouco inteirados de que o corpo frágil que se apoiava em seu cajado encerrava uma vontade de ferro. Esta falha na apreciação do homem com quem tinham de tratar conduziu-os a um erro fatal que nunca foram capazes de superar. Enquanto caminhavam pela igreja, esta encheu-se de bisbilhoteiros curiosos, porque os estranhos em Canudos eram um espetáculo incomum, especialmente os frades. Quando chegaram ao coro, Frei Monte-Marciano, virando-se, dirigiu-se à multidão. Levantando a voz confiante, como se estivesse pregando em seu mosteiro, lançou-se a fazer uma dessas arengas bem-intencionadas, mas carentes de tato, que tantas vezes em ocasiões como essa lançaram lenha à fogueira.

"Aproveito esta oportunidade – disse – em nome do Arcebispo, para chamá-los a que se dispersem e voltem para seus lares, porque isso será para o vosso bem e de todos". Disse muito mais, tudo de acordo com o senso comum e bastante adequado se estivesse falando a um público comum. Falou daquilo que todo o povo ali reunido estava suportando, dos corpos levados apressadamente ao túmulo, sem uma oração, que ele havia visto naquela manhã, e do perigo de se haver reunido tal quantidade de armas.

Sua coragem era sem dúvida grande, mas sua discrição não estava à mesma altura, já que sua arenga deixou os ouvintes imediatamente furiosos, que explodiram em gritos de "Morte ao frade! Viva nosso Conselheiro!". A vida do imprudente frade estava por um fio, mas

Antônio Conselheiro acalmou a multidão com um gesto com a mão. Voltando-se para o frade, disse-lhe: "Este povo que o senhor vê armado reuniu-se somente para proteger-me de meus inimigos. O senhor deve se lembrar que há pouco tempo, em Massetê, a ímpia República quis me matar e houve luta e morte em ambos os bandos. Nos tempos da monarquia, eu me deixei prender pacificamente, porque reconhecia o governo. Hoje me defendo porque me nego a reconhecer a República e todas suas obras".

Essa explicação, dada serenamente e em tom respeitoso, não foi suficiente para o capuchinho. Com zelo digno de um mártir, ele começou a explicar a atitude de Roma com relação a todos os governos, assinalando que na França, que havia sido uma república durante os últimos vinte anos, a Igreja reconhecia as leis. Pôde ter dito que o apóstolo Paulo, até onde sabemos, inclinou-se perante a autoridade de Nero, sem levar em conta, aparentemente, o ocorrido na Casa do Ouro, a matança dos cristãos ou o incêndio da cidade. Por certo, isso teria sido, como diz o provérbio, meter-se em camisa de onze varas, porque seguramente ninguém de seu auditório tinha ouvido falar de Nero e não muito de São Paulo.

"Inclusive aqui, no Brasil – disse o intrépido frade –, todos nós, do Arcebispo para baixo, reconhecemos o governo atual, e somente o senhor e estes, seus seguidores, negam-se a fazê-lo. Sua doutrina deve ser falsa!". Um grito levantou-se dos jagunços reunidos na igreja: "Não, é sua reverendíssima que tem a doutrina falsa; nosso Conselheiro, a verdadeira".

Um lento e amplo gesto do profeta acalmou o tumulto uma vez mais e ele disse tranqüilamente: "não vou pedir a meus seguidores que se desarmem nem que se dispersem e regressem a suas casas. Ao mesmo tempo, não farei nada para perturbar a sagrada missão de sua reverendíssima".

Havia se espalhado a notícia de que o profeta estava em perigo e os jagunços, em número de cinco mil, correram para a praça, com suas bandoleiras cheias de cartuchos e com suas armas na mão. Dentro, a igreja estava repleta, e quando o frade subiu ao púlpito que

Antônio Conselheiro lhe apontou com um gesto cortês com a mão, contemplou um verdadeiro mar. Sem um texto prévio, precipitou-se em seu discurso. De vez em quando, a congregação explodia em protestos, diante das doutrinas que diferiam tão amplamente das que o Conselheiro costumava pregar-lhes. De pé junto ao altar, ele inclinava a cabeça de vez em quando em sinal aprovação, quando os protestos se tornavam mais veementes e barulhentos. Frei Monte-Marciano tocava em tópicos que pensava que podiam ser do agrado de sua vasta congregação; especialmente o jejum ocupava parte de seu discurso. Dizia que jejuar era indicado não para destruir os corpos, mas para refrear as paixões, e que um homem devia comer o suficiente para manter sua boa saúde, sem por isso cometer pecado. Na realidade, ele pregava um sermão do tipo conhecido pelos teólogos escoceses como erastiano, uma mera moralidade fria, muito insatisfatória para a alma. Quando explicou sua teoria do jejum, os jagunços desataram a rir e um deles exclamou: "Isso não é jejum, mas pura glutonaria". Seu sermão terminou em um riso homérico e em zombaria; mas o frade ainda perseverou por quatro dias, apesar de ser tachado de franco-maçon e de protestante-republicano.

Também foi acusado de ser nada mais que um emissário do governo, enviado para distrair a atenção do povo até que as tropas chegassem. A última vez que o frade dirigiu-se a seus involuntários ouvintes, falou-lhes sobre o homicídio. Nenhum tema podia ter sido menos aceitável para homens acostumados à violência desde a juventude. A atitude deles tornou-se tão hostil que não lhe restou mais remédio, se aspirava a salvar sua vida, a não ser retirar-se e fazê-lo rapidamente, tão logo estivesse pronto para pôr-se a caminho. Sua destemida coragem e seu zelo haviam se esgotado – se é que o exercício do zelo e da coragem esgotam-se realmente alguma vez – ou se haviam exercitado em vão. No terreno material, o único no qual o vulgo estima o mais vulgar dos resultados, o êxito, logrou pouco, falhando no que os homens com tanto zelo e valentia como ele haviam falhado antes com freqüência. Uniu em matrimônio cinqüenta e cinco casais que haviam estado vivendo a seu prazer, em aberto escândalo e pecado, eliminando o pecado, mas não o escândalo, já que este havia passado ao campo dos fatos consumados, para além de onde podem ser mitigados ou revogados.

Ele e seus acompanhantes escutaram algumas centenas de confissões gerais, que devem ter se estendido bastante, porque havia muito o que confessar.

Não logrou grande coisa para todo o perigo que correu; mas, por outro lado, o terreno era pedregoso, como são as pastagens nas mesetas de Castela, em torno de Ávila.

Quando chegaram a uma montanha, Frei Monte-Marciano e seus acompanhantes tiraram as sandálias e sacudiram-lhes o pó em direção a Canudos e, depois de ter lançado a maldição de Roma contra o lugar e seus habitantes, dirigiram seus passos a um terreno mais favorável.

CAPÍTULO 9

Tendo fracassado ignominosamente a missão, não restou ao governo outro recurso senão apelar para as armas. Nesse tempo, a autoridade central da nova República não estava completamente consolidada e, em toda a extensão do país, vários movimentos revolucionários haviam-se alçado para combatê-la.

A cidade de Lençóis era assediada por bandoleiros. Pelos territórios em que estão situadas as minas de diamantes, tudo era confusão e, no Rio Grande do Sul, estavam realizando operações militares. Devido a sua situação, foi impossível ao governo enviar uma expedição a Canudos durante um tempo considerável. Isso deu a Antônio Conselheiro tempo para consolidar sua posição e receber grandes reforços das regiões vizinhas do sertão.

Ao longo de duzentos anos, pelo menos, o território imediatamente a oeste da região de Canudos havia sido presa de distúrbios sociais; porque foi ali que os elementos mais turbulentos da população do Brasil, atraídos pelas minas de ouro e diamantes, haviam encontrado um ambiente que lhes era afim. Todos aqueles a quem não satisfazia uma vida de trabalho estável chegaram ao lugar, aparentemente em busca de minas, mas na realidade para viver da rapina e do crime.

Ali o jagunço foi precedido pelo garimpeiro, um bandido depredador que vivia do roubo de gado e da pilhagem das granjas fronteiriças. Ele, por sua vez, foi ajudado pelo capungueiro, ou expulso das povoações, que simpatizou com essa forma de vida e se tornou tão selvagem como os índios. Assim, o território situado, de norte a sul, entre os rios Vaza-Barris e São Francisco, e de Canudos em direção ao leste, até o rio das Éguas,[36] havia se convertido em uma verdadeira terra de ninguém. Em 1804, Caetano Pinto de Miranda Montenegro, um viajante que deixou muita informação curiosa de suas andanças naquela época, escreve a respeito: "Vindo de Cuiabá a Recife,[37] uma viagem de seiscentas e setenta léguas... formei a opinião de que em nenhuma outra parte dos domínios do Rei de Portugal[38] a vida humana é menos segura" – e isso apesar de que ele havia atravessado léguas de mata virgem, expondo-se aos ataques dos índios selvagens, e de que Cuiabá era uma aldeia remota e fronteiriça, situada nos limites extremos do Império, onde se levava três meses para chegar. Um escritor mais moderno, o coronel Durval, informa que "qualquer pessoa que tenha que viajar através do território deve sortir-se de grande quantidade de provisões e estar bem-armada, porque somente a esse preço poderá terminar sua viagem de forma segura". Toda a superfície da região era ondulada, quebrada por montes, recortada aqui e ali pelas ilhas de florestas que se destacavam sobre as mesetas chamadas tabuleiros, salpicadas de cactos, palmeiras anãs e moitas baixas. Nas planícies o pasto era bom e capaz de sustentar considerável quantidade de gado, se tivesse havido segurança para a propriedade e a vida.

36 Rio das Éguas, assim chamado provavelmente por causa das manadas de cavalos selvagens que freqüentavam suas margens nos velhos tempos.
37 Recife (Pernambuco), assim chamado devido ao grande arrecife que forma o porto.
38 O Brasil era então uma colônia portuguesa.

Tal como estavam as coisas, os animais pastavam escassamente, e isso em situação de considerável desvantagem, pois, devido ao caráter disperso dos povoados, as onças das matas vizinhas causavam grandes danos às manadas.

As casas eram raras de encontrar e os viajantes infreqüentes, e quando se cruzavam desconhecidos nas planícies ou nos caminhos da mata, eles manobravam para colocar-se a barlovento, por assim dizer. Cumprimentavam-se gritando de longe, cada um com a mão sobre sua arma, segurando a rédea do cavalo, pronto para erguer-lhe a cabeça para que recebesse o tiro dirigido ao cavaleiro, ou para afastar-se rapidamente se o estranho tratava de aproximar-se. Viajando pela região, os homens mantinham os olhos fixos no horizonte para descobrir uma poeira, ou fumaça saindo de alguma casa queimada, ou no solo, para distinguir as pegadas de algum transeunte. Os estranhos eram inimigos, e o pó, a fumaça, as ramas recém-cortadas de um arbusto ou o pasto acabado de ser pisado, o vôo dos pássaros ou um movimento inquieto do gado nas planícies advertiam aos viajantes que deviam ficam alertas.

As povoações dispersas haviam caído em decadência, embora estivessem se recuperando na época em que o profeta fundou Canudos; mas havia muitas léguas entre uma e outra. O povoado mineiro de Januária foi conquistado em 1879 a partir de um lugar chamado Carinhanha por um bando de jagunços que o saquearam e voltaram carregados com os despojos. Pilão Arcado, um dia em expansão e agora (1918) deserto, teve a mesma sorte depois de um grande ataque que aconteceu em 1856. Xiquexique, Macaúbas, Monte Alegre e inumeráveis fazendas foram submetidas à pilhagem e ficaram desoladas em data relativamente recente. Um só povoado havia escapado à ruína geral do resto. Foi Bom Jesus da Lapa, a Meca dos sertanejos, que permaneceu inviolado. Sua excelente posição sobre um morro o fazia notório. Perto dali, existia uma estranha caverna, cujas estalactites e estalagmites davam-lhe a aparência de uma igreja, não feita pela mão do homem, mas construída pela natureza para a adoração das grandes forças que a criaram. Suas longas e tortuosas passagens estavam cheias de ossos de animais antigos, e como se tivesse sido requerida circunstância que contribuísse para sua santidade, surgiu uma curiosa lenda.

Ali, se dizia, viveu uma vez um penitente, um homem que, tendo manchado sua alma com ações violentas, havia se retirado ao deserto para passar sua vida em oração e redimir-se de seus pecados. Uma onça, atraída por sua santidade, provia-lhe de comida. Assim, santificado pela natureza e pela religião, o lugar converteu-se em centro de peregrinação para os habitantes de todos os sertões, desde o distante Piauí, Sergipe, até o extremo de Goiás.

Sobre as paredes da capela do santuário, penduravam numerosas oferendas votivas, como é costume em lugares de peregrinação, onde pernas e braços e dedos moldados em cera dão testemunho de curas concedidas, ou há barcos pendurados por piedosos marinheiros que se salvaram de uma tormenta.

Na capela de Bom Jesus da Lapa, havia pendurados rifles e facas. Bandidos que entravam carregados de armas ficavam aniquilados e, rompendo em lágrimas, sentiam suas almas tocadas pelo êxtase. Pensavam nos crimes que haviam cometido, muito provavelmente com as mesmas armas que tinham nas mãos, e o fastio se apoderava deles, como sucede freqüentemente aos bêbados depois de um excesso. Imediatamente tomavam a decisão de não pecar mais e, para afastar de suas mãos a tentação, penduravam os instrumentos do crime diante do Menino Jesus e se prostravam no chão. Sem dúvida se sentiriam aliviados depois de ter esvaziado assim sua alma e de haver entregado as armas à guarda do santo Menino, que lhes sorria do muro. Seu arrependimento era sincero, como são totalmente sinceros todos os arrependimentos quando são movimentos de graça interior. Quando saíam ao sol do lado de fora, deviam sentir-se homens novos, purificados e aliviados do peso de seus crimes. Talvez sentissem pena ao deixar o trabuco sobre cuja empunhadura estava marcado com cruzes o número de vidas que deviam, tal como os homens sentem pena de deixar para trás um velho camarada ou um móvel de grata lembrança.

Porém, a vida no sertão tinha suas próprias complicações e suas exigências. A principal era o meio de autodefesa, porque ali, mais que em qualquer outro lugar do mundo, o homem é um lobo do homem. O mais provável é que, depois de um dia ou dois, encontrando-se, como eles diriam, "sem sombra",[39] privados de armas, tomassem o caminho do povoado mais próximo e comprassem armas melhores e mais modernas para continuar a luta. Das três forças que acossam a humanidade – o mundo, o demônio e a carne –, o mundo é o mais potente inimigo, pois inclui os outros dois e seus ataques são muito mais sutis e muito mais difíceis de resistir. Como nenhuma sociedade, nem mesmo em uma caverna de ladrões, pode viver sem algumas normas, ou pelo menos algumas regras para sua própria proteção, tinha surgido um costume nessa região, a mais turbulenta de todo o Brasil. Era bem-admitido que as granjas, o gado e inclusive as povoações estavam expostas ao ataque, à pilhagem ou à captura, mas por uma curiosa distinção, com raras exceções, a propriedade individual estava a salvo. Assim um homem, mesmo sem armas, podia atravessar a perigosa região, pela margem do rio das Éguas, em sua viagem à costa, mesmo que seus alforjes estivessem cheios de pó de ouro ou de diamantes das minas. Da mesma forma, um forasteiro que não fizesse parte de nenhuma das facções que abundavam na região e a devastavam estava igualmente seguro. Às vezes um bufarinheiro com uma mula de carga deparava-se de repente, no cruzamento de um riacho o em algum dos caminhos solitários que serpenteiam através da mata, com um bando de foragidos armados até os dentes. Era freqüente que o chefe se aproximasse dele, que se sentasse tremendo sobre sua mula e ficasse assim um bom tempo. Depois lhe pedia um punhado de cigarros, passava uma perna sobre o pescoço do cavalo, acendia um com sua pederneira e faca e, então, depois de distribuir o resto entre seus seguidores, voltava-se para o bufarinheiro e o despedia com um "vá com Deus", e a quadrilha inteira desaparecia metendo-se na mata.

Como a notícia da construção de Canudos introduziu-se lentamente pela selvagem região, com a nova de que o homem que se

39 "Sem sombra", sendo o sol o inimigo em terras como essa.

unisse a Antônio Conselheiro não só estaria seguro de toda perseguição pelas autoridades, mas seria preservado da destruição da humanidade, tão próxima a sobrevir, centenas de seus indomáveis habitantes correram para junto do profeta. Canudos foi o ponto de concentração dos bandos errantes de bandidos, ladrões de gado e miseráveis que durante anos haviam infestado todo o território, entre o rio São Francisco e o das Éguas – de fato, desde o Piauí até a província de Goiás.

Esses homens, embora ladrões e na maioria dos casos assassinos, estavam fortemente tingidos pela religião (ou a superstição); a fama da pregação de Antônio Conselheiro, unida a sua oposição ao governo, atraiu-os como um ímã ao ferro e, é claro, acrescentou enormemente seu poder. Depois do fracasso da missão dos frades, o governo parece ter decidido uma política de inércia, pensando talvez que, quando a novidade se desgastasse, o movimento desapareceria logo. Se tiveram um tal desígnio, esse teria mostrado sua absoluta incompreensão do caráter dos habitantes do sertão. Mesmo quando sua atitude usual era indolente e lenta para decidir-se, não havia pessoa no mundo com mais determinação ou menos acovardada pelo azar, uma vez que a sorte estava lançada. Diferentes de seus primos, os *gauchos* das planícies do Rio Grande ou da Argentina – homens dispostos a sublevar-se e a seguir qualquer líder, turbulentos mas inconstantes, prontos para o desalento e para debandar e voltar para casa –, os sertanejos eram inquebrantáveis. O infortúnio tornava-os mais decididos e eram sempre muito mais de temer depois de um revés ou de uma derrota. Em tais ocasiões, era sempre de se esperar deles um ataque de surpresa. A natureza áspera de sua região, com seus ermos virgens, estava grandemente a seu favor para tais empresas e para as emboscadas. Sua criação, sempre em guerra com a natureza, sua veia de sangue índio e seu fervor religioso convertiam-nos em um inimigo nunca menosprezado por aqueles que melhor os conheciam. Este foi o erro do governo, que os teve em pouca consideração devido a sua indisciplina.

Em 1896 a tormenta que se havia estado preparando por tanto tempo explodiu com violência.

CAPÍTULO 10

Assim como nos grandes Estados as guerras explodem freqüentemente por causas insuficientes ou fúteis, na pequena comunidade do sertão as hostilidades entre os seguidores do profeta e a República surgiram por uma questão insignificante, pela qual não valia sacrificar a vida. Sem dúvida, a verdadeira causa era mais profunda, como costuma ser nos casos de guerras empreendidas por mais formidáveis poderes.

Antônio Conselheiro havia feito um contrato na cidade de Juazeiro, não distante do rio São Francisco, por certa quantidade de madeira. Aconteceu que o contrato havia sido feito com dois conselheiros ou magistrados da cidade. Quando venceu o prazo de entrega, surgiram certas dificuldades. Elas se acentuaram pelo fato de que um ano ou dois antes, o empreiteiro, que era na época juiz de Bom Conselho, depois de uma disputa, havia sido expulso do povoado pelos adeptos do profeta e posto em risco de morte. Se ele queria vingar-se da afronta ou se realmente não estava em condições de cumprir seu trato, somente ele mesmo poderia dizê-lo. Em todo caso, a madeira não foi despachada no momento combinado e, depois de vários inúteis protestos, Antônio Conselheiro preparou-se para atacar a cidade com um grande destacamento de seus adeptos.

Os tempos haviam mudado desde a época em que ele baixava a cabeça ante os insultos do mundo. Agora se erguia como líder e reparador de abusos, pouco disposto a ficar sentado pacientemente perante as injustiças. Em 1896, o governador do estado da Bahia escreveu ao presidente da República nos seguintes termos:

"Recebi – dizia – do Doutor Arlindo Leoni, Juiz do distrito de Juazeiro, um telegrama urgente me dizendo que em um dia ou dois sua cidade ia ser atacada por Antônio Conselheiro e seus seguidores, e me pedindo ajuda para deter o pânico e o êxodo que já estava ocorrendo. Eu lhe respondi que não podia mandar tropas por um simples rumor e lhe recomendei que defendesse as entradas da cidade e que, se visse que os rebeldes avançavam, me mandasse um telegrama, e então eu o socorreria com uma força militar... Ordenei ao general no comando do distrito que enviasse cem homens a Juazeiro assim que recebesse a mensagem do Juiz de que eram necessários para repelir o ataque. O Juiz me informou que as forças de Antônio Conselheiro estavam a dois dias de viagem da cidade, então despachei agora os soldados sob o comando do Tenente Pires Ferreira para que se una às forças da cidade".

De uma questão tão pequena, a mera recusa a cumprir com um contrato, grandes eventos estavam destinados a seguir-se. Durante o último quarto de século, em realidade desde 1874, Antônio Conselheiro havia sido conhecido no sertão. Pouco a pouco sua fama havia crescido em toda a região e o rastro de seu passo era evidente em todas as aldeias e em cada cidade. Aqui havia uma capela, ali uma igreja e mais para lá um cemitério, erguidos de seu estado de ruína e decadência, reconstruídos ou novamente murados por seus esforços e o trabalho de seus adeptos.

Considerando tudo, no essencial, sua influência havia obrado para o bem; pois embora tenha feito pouco para estabelecer uma linha de conduta razoável, ele foi um ponto de reunião e fortalecimento para pessoas que se sentiam absolutamente desamparadas de todos os poderes existentes. Sua influência foi grande por causa do êxito de suas últimas façanhas. Em 1893, em Masseté, havia obtido uma vitória no campo de batalha, e mais tarde uma vitória moral, quando as tropas enviadas contra ele haviam retornado sem acertar um golpe ou disparar um tiro, somente diante do terror de seu nome.

A missão apostólica do capuchinho havia sido um fracasso e de todos os lados continuavam chegando reforços. Frei Monte-Marciano deixou declarado, em seu "Relatório", que as forças armadas de Canudos, à época de sua visita apostólica, chegavam aproximadamente ao número de "mil homens, todos armados e vigorosos". O próprio povoado estava situado em uma posição naturalmente forte e, sobretudo, Antônio Conselheiro contava com a vantagem da simpatia popular, pois toda a região o considerava um salvador.

Contra esse povoado, situado em tão boa posição defensiva, tão bem-guarnecido e abundantemente provisionado, o governo mandou somente cem soldados de linha. Estes deviam unir-se à milícia, parcialmente armada, semidisciplinada e escassa, da cidade de Juazeiro, uma força insignificante. Isso era expor-se à derrota. Tão pouco compreendeu o governo a seriedade da campanha que tinha pela frente que, em novembro de 1896, o general Frederico Solon, no comando da região, escreveu ao general dizendo que havia recebido ordens de marchar contra Canudos com uma força de cem soldados, e que os considerava em número amplamente suficiente para o que tinham que fazer. A 7 de novembro eles chegaram a Juazeiro, para surpresa de seus habitantes, que conheciam a força dos jagunços que estavam avançando para atacar. Imediatamente produziu-se um êxodo geral; saíram fugindo famílias com seus filhos e tantos bens domésticos quantos pudessem carregar em carroças. Como sempre ocorre nessas circunstâncias, a cidade estava cheia de gente bem-disposta com os sectários, que estava transbordante de alegria e enviou secretamente mensageiros aos jagunços, informando-lhes do reduzido número de tropas.

As dificuldades para o transporte e aprovisionamento eram enormes, porque para lá de Juazeiro não havia como conseguir comida; o pasto era escasso, as estradas inexistentes e a trilha atravessava fundos desfiladeiros, cheios de vegetação densa e semeados de rochas. As tropas deixaram Juazeiro na noite do dia 12, para evitar uma partida no dia 13, considerado de azar.

Duzentos quilômetros separavam Juazeiro da fortaleza do profeta. O verão[40] estava começando. As noites eram geladas enquanto ao meio-dia o sol caía como fogo, fazendo a mudança de temperatura, ao pôr-do-sol, mais difícil de suportar. Os poços eram escassos e os dois guias contratados em Juazeiro, não muito confiáveis. Ainda mais, a maioria das tropas estava integrada por homens de cor, das regiões cálidas da costa, não habituados ao frio e não acostumados a longas

40 No hemisfério sul.

caminhadas entre as montanhas. Nenhum deles estava treinado para a luta de fronteira e se sentiam perdidos em guerras de emboscadas, surpresas e ataques noturnos. A estação era incomumente seca e calorenta e a escassa grama quase havia desaparecido. As árvores começavam a despojar-se de suas folhas sob o calor abrasador e pareciam esqueletos. Os raros mananciais e tanques estavam transformados em lodaçais pelo pisotear do gado que havia acudido para aplacar a sede. No verão do sertão, pouca gente viaja depois das dez, sob o calor feroz que converte os arenosos caminhos em um mar de fogo. Os que se vêem forçados a fazê-lo, viajam a cavalo ou montados em mulas. Os infortunados soldados tinham que marchar a pé, envoltos em uma nuvem de pó. A região era pobre, seu próprio mato caía na categoria do que se conhece como *caatanduva,*[41] quer dizer, a "mata frágil". A expedição tinha que cruzar uma região selvagem e não-cultivada, quase desconhecida para a maioria dos brasileiros; uma terra sedenta em que toda moradia humana era infreqüente, e mesmo as que os soldados encontravam estavam desertas – um presságio nefasto para uma força invasora em qualquer país. No primeiro dia, viram-se obrigados a acampar nas planícies distantes apenas duas léguas de Juazeiro, e passaram a noite com poucas provisões e tremendo de frio.

No dia seguinte, tinham pela frente uma jornada de quarenta quilômetros. A água somente podia ser obtida em um lago pequeno chamado "A lagoa do boi", em cujo fundo ainda restava um pouco. Chegaram ali quase exaustos, embora sem ser atacados pelos jagunços, e dormiram no chão, muito cansados para armar as barracas e para fazer outra coisa além de acender uma ou duas fogueiras. Durante os dias seguintes, passaram por uma verdadeira *via crucis*, encontrando as aldeias desertas e não vendo outra coisa que uns poucos cabritos entre as rochas, mais assustados que cervos, e de vez em quando algum gado que havia se tornado semi-selvagem e saía correndo quan-

41 De *caa*, "bosque de arbustos", e *ahiva*, "fraco ou mau", em língua guarani ou tupi.

do eles se aproximavam. A miragem zombava deles, exibindo lagos ilusórios a uma milha de distância e depois desvanecendo-os completamente quando avançavam esperando saciar sua sede, ou deslocando-os para mais longe.

Finalmente no dia 19 chegaram a Uauá, uma aldeia miserável com duas ruas irregulares que desembocavam em uma praça arenosa e desolada, rodeada por barracas e cabanas. Um armazém ou dois, de tetos baixos e rebocados, com grades de ferro nas janelas e alguns postes diante da porta, uma igreja mal-acabada e uma série de currais aos quais os vaqueiros levavam seu gado e suas mulas nos dias de feira, tais eram os traços principais da desgraçada paragem. As feiras, que tinham lugar nos feriados, eram as ocasiões em que o povoado ganhava um ar de animação, do qual se livrava no instante em que terminavam, para voltar a cair no sono.

Em todo o Brasil, e na maior parte da América do Sul, a sesta envolve o mundo durante as horas mais quentes, um silêncio mortal o penetra e nada se ouve senão o zumbido das moscas ou o eventual coicear de um cavalo amarrado sob uma árvore. Sobre a "Corporação", a bandeira tremula preguiçosa contra o mastro, como uma vela de barco no mar calmo, ou pende frouxamente como um abutre morto posto entre os milharais para espantar os periquitos. Seus devotos tão profundamente estão entregues ao sono, que um homem pode entrar a cavalo pelo largo portal de um armazém, agachando-se um pouco ao passar, e bater com o cabo de seu chicote sobre o balcão; depois, não encontrando resposta, girar o cavalo e tornar a sair, sem que o proprietário do armazém se aperceba de sua visita, dormindo ainda como morto. Os que dormiam no pequeno povoado de Uauá foram acordados pela melodia de uma corneta que soava na praça. O incomum som de música marcial prevaleceu sobre o hábito de toda uma vida e pareceu dar à força enviada pelo governo as boas-vindas ao povoado. Foi grande o assombro quando viram detido na praça o pequeno bando de soldados miseráveis, sedentos e de aspecto calamitoso, que acabavam de entrar com esforço e se atiraram ao solo em estado de esgotamento. Os homens estavam cobertos de pó, com os pés machucados e exaustos. Estavam mal-vestidos e a maioria deles levava suas jaquetas penduradas nos fuzis. Seus oficiais montavam mulas ou éguas de carga que haviam comprado ou confiscado em Juazeiro e o aspecto geral da reduzida força era melancólico e desalentador.

Depois de um descanso, instalaram bivaques – já que não havia barracas, pois não levavam animais para carregá-las. Com palmas que cortaram, construíram proteção para o sol abrasador e instalaram sentinelas nas quatro esquinas da praça, para controlar as estradas. Depois fizeram café e comeram uma refeição miserável, sem forças para cozinhar depois de seus padecimentos. Segundo todas as regras da estratégia militar e do senso comum, deviam ter avançado até Canudos uma ou duas horas antes que o sol subisse, para evitar o calor e para conseguir tomar de surpresa a fortaleza do profeta, porque em uma ação de surpresa se reduziam suas escassas possibilidades de êxito. Isso pareceu impossível ao comandante, devido às condições de seus homens e ao fato de que o caminho que tinha pela frente ia através do deserto, no qual o homem que perde a trilha está condenado a morrer de fome ou de sede. Os guias de Juazeiro não estavam certos do caminho, ou diziam que não estavam, como é mais provável, simpatizando secretamente com Antônio Conselheiro e querendo ganhar tempo.

Passaram o dia 20 descansando e buscando informação sobre a situação e o caminho. Ao cair da noite, o comandante, fazendo sua ronda, encontrou todo o povoado deserto, pois os habitantes tinham se retirado em silêncio, ou porque temiam expor-se ao ataque que consideravam certo, ou por uma ordem que o profeta lhes havia mandado secretamente. Esse fato deveria ter alarmado o comandante das tropas, se somente tivesse percebido o perigo de sua situação e a impossibilidade de receber reforços estando a tal distância de sua base. Ele não prestou atenção ao fato e suas tropas se deitaram sob seus bivaques, dormindo tão tranqüilamente como se Antônio Conselheiro e seus homens estivessem a mil milhas de distância. Uma hora ou duas antes do amanhecer, o momento favorito de ataque em toda a fronteira, apareceu a vanguarda dos jagunços. Formados em procissão, levando estandartes de santos e entoando hinos, seu exército parecia um bando de peregrinos subindo um calvário. Todos estavam armados de uma ou de outra maneira, com rifles e espadas, esporas, machados, gadanhas em posição vertical sobre paus, ou alguma outra arma rudimentar que encontraram à mão.

Todos levavam facas e muitos deles antiquados trabucos de chispas e bacamartes abocardados. Alguns, na falta de outras armas, tinham paus e outros, toscos estilingues que costumavam usar para conduzir o gado nas planícies. Um pessoal heterogêneo, mas inteiramente inspirado pela fé em seu grande Conselheiro, que lhe havia assegurado a vitória sobre os soldados do "Cão".[42*] Alguns rezavam o terço enquanto avançavam e outros imploravam aos gritos, brandindo suas armas. Embora avançassem abertamente e cantando, em número de uns três mil, como diz uma testemunha ocular, não encontraram resistência até que chegaram às imediações do povoado.

Temendo uma emboscada, Pajeú, que estava no comando, fez deterem-se seus seguidores e parou sua salmodia, e depois enviou alguns exploradores. Estes chegaram até as sentinelas situadas nas quatro encruzilhadas e os encontraram dormindo em seu posto, e todo o povoado dormindo. Enquanto regressavam ao corpo principal com as surpreendentes notícias, depararam-se com três guardas de vanguarda que, levantando-se de um salto, dispararam suas carabinas e se retiraram ao povoado. O coronel no comando, arrancado de seu sono, de camisa e ceroulas, tal como havia levantado da cama, correu para a praça com um corneteiro que tocou o alarme.

Os soldados chegaram, saindo de seus bivaques e das casas do povoado, onde dormiam para proteger-se do frio, vestindo-se e carregando as armas enquanto corriam. Tinham pouco tempo para formar suas linhas de combate, embora um velho sargento tenha morrido

* "Cão" é uma das formas populares para designar o Diabo. Para os fanáticos, a República representava o inimigo, a ameaça e, por extensão, o "Cão". (N. T.)

42 O "Cão" designava a República. Chamavam todas suas leis "a lei do Cão".

valentemente em seu posto, enfrentando a avalanche. Com berros e gritos de "Bom Jesus" e "Viva o Conselheiro", os jagunços caíram sobre eles. A linha nunca se formou e em um instante, na semi-escuridão, tudo foi confusão e as tropas lutaram por sua vida. O instinto de autopreservação, ou o remanescente da disciplina, fê-los permanecer juntos e retirar-se até as casas, onde se refizeram e começaram a disparar contra os sectários das janelas e portas.

Esse foi o recurso de salvação de boa parte das tropas, porque os jagunços, agrupados em massa na praça, respondiam fracamente ao fogo. Todos apinhados como um rebanho de ovelhas, expostos ao fogo de rifles modernos e somente capazes de revidar com trabucos e rifles antiquados, os adeptos do profeta sofreram logo uma considerável perda. Dizimados sem poder responder, os chefes dos jagunços viram que sua única possibilidade consistia em um ataque geral às casas onde os soldados estavam entrincheirados. Agrupados em torno de seu sagrado estandarte, lá foram lançando seus gritos de guerra misturados com juramentos piedosos, embora cada descarga deixasse estendidos no chão dezenas deles. Brandindo suas esporas e facas, chegaram às casas onde o coronel, ainda de camisa e ceroulas, estava distribuindo cartuchos a seus homens, que caíam rapidamente sob um fogo intenso.

Um subtenente, de pé seminu sobre a cama em que o ataque o havia despertado, resistiu valentemente, disparando pela janela até que uma bala o lançou sem vida sobre a cama em que havia tão pouco estava dormindo. Parecia que as casas iam ser derrubadas e as tropas esmagadas pela impetuosa acometida dos jagunços, que avançavam sem cuidado de suas vidas, desdenhando inclusive cobrir-se, na fúria de sua carga. Mas a investida fracassou e lentamente, vociferando imprecações, os sectários retrocederam e, como num passe de mágica, desapareceram, embrenhando-se na mata.

Enquanto se retiravam, o sol saiu, como sai nos trópicos, sem um intervalo de penumbra e, sob a luz da manhã, o aspecto do povoado era trágico. Havia cadáveres estendidos diante de cada umbral e o sangue havia ensopado as varandas e os batentes das janelas. Três ou quatro casas haviam sido incendiadas e, sob a tênue luz que suas chamas lançavam sobre a cena, os feridos buscavam arrastar-se até um refúgio, enquanto os exaustos soldados, muito cansados para ajudá-los, deixando-se cair meio mortos no chão, dormiram como dormem os homens depois de uma noite de luta por suas vidas.

Em torno de duzentos dos sectários estavam mortos ou gravemente feridos, e os soldados, conscienciosamente, livraram estes últimos de seus sofrimentos quando acordaram. As tropas tinham dez homens mortos, entre eles o bravo subtenente ferido na cama, um sargento e os dois guias contratados em Juazeiro. O médico da expedição tinha ficado louco durante o combate, seja por causa do terror, seja pelas penúrias padecidas durante a caminhada. Por isso não foi útil aos dezesseis feridos, que foram curados por seus próprios companheiros tão bem como eles puderam, rasgando suas camisas para fazer ataduras.

O governo tinha ganho uma vitória de Pirro. O coronel tinha ainda sessenta soldados, sem ferimentos mas muito desencorajados, já que pela primeira vez haviam podido apreciar a coragem do inimigo e entender que dificuldades os esperavam se continuassem com seu dever. Situado como estava, com o obstáculo dos feridos para os quais não havia transporte, com seus dois guias mortos, totalmente impossibilitado de obter reforço algum, só restava uma opção ao comandante das tropas. De qualquer forma, tinha que evacuar o lugar antes que a escuridão o expusesse a um novo ataque a seus homens exaustos. Depois de enterrar rapidamente seus camaradas no cemitério, imediatamente as tropas iniciaram a marcha sob um sol tórrido. Para sua muita sorte, os jagunços, depois do revés sofrido, não voltaram a aparecer, pois se o tivessem feito não haveria restado um só homem com vida. Quatro dias de agonia passaram em direção a Juazeiro, onde chegaram mais como um grupo de fugitivos que como uma tropa de soldados que havia resistido valentemente a uma força superior. Os poços de água estavam quase todos secos e, no segundo dia, as provisões haviam acabado e os desgraçados homens avançaram penosamente sustentando uns aos outros, caindo só para morrer.

Quando chegaram a Juazeiro e entraram cambaleando na cidade, a população olhava-os com assombro, tal mudança se havia operado em todos eles durante a desastrosa campanha. Empoeirados e andrajosos, meio mortos de fome e feridos, torturados pela sede e com os pés feridos pelo caminho, mal tinham ânimo para relatar o que lhes havia ocorrido. A única visão deles causou tal pânico na cidade que os homens incumbidos de levar armas correram com elas à praça, pensando que os jagunços podiam atacar a cidade a qualquer momento, já que supunham que estes estavam seguindo suas pegadas. Trens com o fogo da máquina aceso e máxima pressão de vapor estavam esperando na estação, prontos para levar os habitantes ao primeiro sintoma de alarme.

Nada ocorreu, pois os jagunços não haviam tido a idéia de perseguir seus pírricos conquistadores, já que sabiam bem que haviam infligido um revés ao governo.

CAPÍTULO 11

O rumor, sempre um agente ativo em países como o Brasil, logo magnificou a situação muito além de seus verdadeiros limites. O mais absurdo falatório sobre o poderio das forças que Antônio Conselheiro tinha a sua disposição logo começou a ser acreditado. Afirmava-se que havia sido bem-provido de armas e de artilharia pelos monarquistas. Na realidade, o partido favorável à restituição do poder imperial era insignificante. Não haviam chegado armas a Canudos, exceto umas poucas dezenas de rifles modernos que entraram como contrabando, e não havia artilharia alguma. Por outro lado, o retrocesso das forças do governo lhes havia acarretado centenas de recrutas, embora seja muito improvável que o profeta dispusesse de mais de cinco mil guerreiros, como muito, e ainda armados de maneira totalmente inadequada.

Porém, competia ao governo fazer um "ato de presença", armando uma expedição suficientemente grande para assegurar o êxito.

Para isso reuniu uma força formidável – quer dizer, formidável para tal propósito –, uma força que devia ter sido capaz de vencer os sectários se tivesse sido bem-empregada.

O Governador federal escreveu à capital, solicitando uma força de uns seiscentos soldados, com dois canhões Krupp e quatro Nordenfeldts. Essa imponente força pode ter parecido ridícula para submeter uma aldeia aberta, defendida somente por homens equipados com armas antiquadas, se não tivesse sido pelas dificuldades do caminho e a peculiar índole da contenda, posta a descoberto pela última expedição.

O conjunto da força militar foi posto sob o comando do coronel Pedro Nunes Tamarindo, um homem com experiência na guerra, mas não no particular tipo de luta que foi chamado a enfrentar. No primeiro encontro, em Uauá, os jagunços tinham se deixado surpreender em circunstâncias que foram desfavoráveis para eles e vantajosas para as tropas. Aglomerados na praça do povo, haviam caído aos montes quando se viram expostos ao fogo de rifles modernos. O exemplo serviu-lhes de advertência e nunca incorreram no mesmo erro nas operações seguintes. É provável que no ataque a Uauá, cegos pelo fanatismo e confiantes em sua superioridade numérica, pensaram que arrasariam com tudo na primeira acometida. Foram frustrados e, dali em diante, tiraram grande partido de seu conhecimento do sertão, sua grande mobilidade e a dura natureza da região pela qual o inimigo estava obrigado a passar. Poucas regiões no mundo são naturalmente mais fáceis de defender. A mata densa, impenetrável, que se projeta sobre as planícies formando ilhas e penínsulas, os montes cobertos de rochas, os caminhos tortuosos, com areia ou barro, dependendo da estação, que chegam até os joelhos, a falta de água no verão e as inundações no inverno, e acima de tudo a escassez de provisões, convertem uma campanha no sertão em uma formidável empresa, mesmo para as tropas acostumadas.

O plano do coronel Tamarindo era atacar por meio de duas colunas envolventes e, assim, quebrar a resistência dos sectários antes de chegar a seu objetivo, esperando que eles caíssem na armadilha. Na realidade, nenhum plano pode ter tido menos possibilidades de êxito em tal região e com tais inimigos. As forças do governo entraram no povoado de Monte Santo em 27 de dezembro de 1896. Esse povoado, lugar de nascimento do frade missionário Apolônio de Todi,[43] estava situado na ladeira de um monte, a partir do qual todas as regiões limítrofes podiam ser vistas. Encontra-se no extremo norte da província da Bahia, perto das fronteiras dos estados do Piauí, Alagoas e Sergipe, não distante do rio Vaza-Barris, de considerável caudal. Foi ali que Frei Apolônio de Todi ergueu seu templo e construiu seu Calvário, o qual, pavimentado com peças do mais branco quartzo imaginável, sobe serpenteando pelo monte. Monte Santo, com sua localização a não mais de trinta quilômetros do final da linha férrea de Queimadas, constituiu a base de operações para todas as expedições que o governo se viu obrigado a enviar. O povoado não tinha visto nunca uma força tão grande, ou uma tão bem-equipada com barracas, apetrechos e artilharia. Na revista que o coronel passou no dia seguinte a sua chegada, reuniu quinhentos e quarenta e três homens de tropa, com catorze oficiais e três médicos. A estes se acrescentava a pequena divisão de artilharia, com os dois canhões Krupp e os quatro Nordenfeldt, de tiro rápido. Além disso, havia uns duzentos policiais. Nada dessa escala havia sido visto antes no tranqüilo povoado, freqüentado por tantos peregrinos em tempos de paz. Durante todo o dia, os habitantes estiveram na rua ou rondando perto do acampamento, contemplando com admiração os novos uniformes e os brilhantes rifles dos soldados e olhando maravilhados a artilharia. Os vaqueiros que tinham vindo do campo atavam seu campeão[44] debaixo de uma árvore e passavam o dia olhando atentamente as tropas. Alguns, genuinamente alarmados diante do terrível aspecto dos canhões, montavam em seus cavalos e voltavam ao refúgio das caatingas; outros, que haviam sido enviados como espiões, galopa-

---

43 Veja a "Introdução".

44 Quer dizer, o melhor cavalo. Da mesma forma, os *gauchos* usam "el crédito" para seus melhores cavalos.

vam em direção a Canudos para contar o que haviam visto. Em meio aos festejos que estavam ocorrendo, ninguém os notou. Assim, enquanto as pessoas do povoado e todos os oficiais da expedição pensavam que a vitória era certa e que um mero desfile militar e uma demonstração de força poriam tudo em ordem, Antônio Conselheiro estava informado até do último detalhe de seus recursos e traçava planos para lograr sua derrota. Nem todos se enganavam e muitos dos camponeses, envoltos em seus ponchos, enquanto perambulavam ociosos pela rua, olhavam com ironia as tropas, pressentindo que os festejos iriam terminar em lágrimas, porque, como eles diziam, "são entregues como bois lerdos nas mãos de nosso bom Conselheiro".

As autoridades do povoado ofereceram um banquete para os oficiais. Nessa festa, os discursos, cheios de alusões a "nossas mães brasileiras", a nossa "grande e gloriosa terra" e à liberdade, temas aos quais, com pouca variação, recorrem em todos os discursos da América do Sul, despertavam as costumeiras aclamações. Brindou-se devidamente por Nosso país, a Glória e a Liberdade Eterna, uma deusa responsável por milhões de incompetências em política e em oratória. Todos concordaram em que, em uma semana ou duas, ou no máximo em um mês, a expedição retornaria, "com os braços carregados de lauréis". Existia a convicção geral de que a vitória estava assegurada e todos sonhavam com o momento em que "a barbárie, que foi o escândalo de nossa terra natal, desapareça e seja substituída pelo reino do progresso e da paz". Tudo isso, é claro, como é o caso em todos esses discursos e ocasiões, seria logrado com sangue, porque o sangue é a água batismal pela qual a paz é assegurada. Assim como o perigo freqüentemente levanta o espírito de um exército, da mesma forma a certeza da vitória serve para deprimir a energia das tropas, tornando os homens muito confiados e inclinados a entrar em pânico se algo vai mal. Esse foi o caso de Monte Santo, onde a expedição permaneceu quinze dias entregue a banquetes e discursos e a perder tempo. Com inimigos tais como os que tinham que enfrentar, o êxito depende da velocidade. Se tivessem partido sem demora, teriam encontrado Canudos desprevenido, pronto para cair em suas mãos.

Da forma como ocorreu, o profeta tinha tido muito tempo para elaborar seus planos de defesa. Parte das munições tinham sido deixadas na estação de Queimadas e elas não chegaram durante os quinze dias passados em Monte Santo em banquetes e ócio. Costuma acontecer em circunstâncias similares depois de uma perda de tempo que surja um ímpeto de energia e um desejo de embarcar-se imediatamente na empresa. Isso aconteceu então e o coronel Tamarindo, que havia deixado a metade de suas munições, decidiu dividir na metade as que tinha com ele em Monte Santo e pôr-se a caminho imediatamente. Foi isso o que fez, não podendo conseguir transporte suficiente, sabendo que seu êxito dependia de sua velocidade. A decisão foi fatal e sua brigada partiu para a ruína e a derrota certas.

Se tivesse seguido apenas seu primeiro plano de um avanço em duas colunas, avançando uma a pouca distância da outra, tudo podia ter saído bem. Esse plano poderia ter-lhe permitido fazer uso de sua artilharia sobre dois flancos e depois convergir sobre Canudos, o objetivo de sua marcha. Pelo contrário, o coronel Tamarindo saiu de Monte Santo a 13 de janeiro de 1897 em uma só coluna e marchou em fileiras fechadas. As tropas sofreram horrivelmente com o pó, afundando-se na areia, e os homens começaram a fraquejar, depois de um período de inatividade no povoado. A água era escassa e difícil de encontrar e, quando foram atacados, sua formação fechada fê-los um alvo fácil para os inimigos escondidos. A estrada de Monte Santo a Canudos – se se pode chamar estrada, sendo apenas uma trilha de gado – corre através do vale do Cariacá, passando primeiro por terras cultivadas. Depois vira a leste para a costa de Acaru e se torna mais pedregosa. Dali cruza pelo cume de várias montanhas, passando por caminhos sinuosos entre o mato, e depois sai em uma clareira em um lugar chamado Laje de Dentro, uma espécie de *plateau* de uns novecentos metros de altura.

Ali acamparam depois de dois dias de penosa marcha na areia. Os dois canhões Krupp haviam atrasado enormemente seu avanço, porque as estradas eram tão ruins que os sapadores tinham que ir na frente para preparar-lhes uma passagem. Isso deixou sem mobilidade a coluna e da mobilidade dependia seu êxito. Se tivessem sido capazes de chegar a Canudos em um tempo razoável e tivessem aberto fogo imediatamente com sua artilharia bem-provida de munição, a campanha teria terminado em uma semana. Tal como aconteceu, os astros lutaram a favor do profeta, porque o comandante das forças do governo cometeu inumeráveis erros. Desde Laje de Dentro, a estrada corre por uma passagem profunda e estreita até o próximo ponto de parada, chamado Ipueiras. As marchas estão determinadas, como na África, pela distância dos poços de água. Depois de um longo dia, acamparam em Ipueiras, um mísero lugar, com um só poço de água e dominado por todos os lados por montanhas. Por sorte para eles a noite passou sem ataque. No dia seguinte, chegaram a Penedo, na metade do caminho de Canudos, e seus ânimos começaram de nova melhorar. A partir desse ponto, o caminho se faz ainda mais duro. As trilhas de gado cruzam-no repetidas vezes, fazendo extremamente difícil manter-se no caminho correto. Todo o dia, andaram rolando na areia, sem uma gota de água ou uma partícula de sombra, mal completando duas léguas, e chegando a uma granja deserta chamada Mulungu quando começava a cair a noite. Fogos recém-extintos, mas ainda fumegantes, revelaram-lhes acampamentos do inimigo e, ao longe, no horizonte, surgiam nuvens de pó levantadas pelo gado que era conduzido em direção ao povoado. Tudo anunciava a proximidade do inimigo. Os soldados dormiram em armas. Durante a noite, vagas sombras iam e vinham perto do acampamento e uma ou duas vezes soou o alarme, de modo que pela manhã ficaram contentes por deixar o lugar. Três dias de marcha constante ainda se interpunham entre eles e Canudos; mas, a essa altura, as condições da tropa haviam se tornado perigosas. As provisões haviam diminuído e em Mulungu se viram obrigados a matar os dois últimos bois, cuja carne se reduziu a um bocado ao ser repartida entre quinhentos ou seiscentos homens. O desastre olhava-os no rosto e, em suas dificuldades, o coronel Tamarindo, tendo vergonha de retroceder sem disparar um tiro, chegou à quase desesperada solução de seguir adiante, esperando tomar Canudos em uma acometida e assim assegurar provisões para seus homens. Partiram antes do alvorecer e os primeiros raios de luz permitiram descobrir que todos os homens com mula de carga contratados em Monte Santo haviam desertado e ido embora. Ficou só um guia, um homem chamado Domingos Jesuíno, que provou ser-lhes leal. Este conduziu a coluna por caminhos tortuosos até um lugar chamado Rancho das Pedras, onde passaram a noite ao relento, muito exaustos para armar as cabanas ou fazer outra coisa além de dormir.

Agora apenas duas léguas os separavam de Canudos e, durante toda a noite, viram fogueiras de acampamentos dos jagunços, piscando como estrelas por todos os lados. Porém não houve ataque. Ao raiar o dia, famintos e com os pés doloridos, levantaram acampamento e, com sua artilharia arrastada com cordas, iniciaram seu movimento em direção ao povoado. Diante deles erguia-se o monte Cambaio como uma cidade encantada, com suas rochas em que a erosão havia lavrado pináculos e torres. Parecia obstruir a estrada, mas o guia os levou por um caminho próximo a seu pé. Passaram tremendo, esperando o ataque adiado por tanto tempo que enchia os soldados de pânico. Para além do Cambaio, a estrada corre em linha reta, sem voltas, entre altos rochedos. Ao longe, como uma paisagem vista com um telescópio posto ao contrário, aparecia Canudos, pardo e ameaçador.

Embora o caminho parecesse bastante nivelado, nele havia depressões invisíveis até que se aproximavam e, em uma delas, quando avançavam com grande esforço e cansaço, com os dedos nos gatilhos de seus rifles, sobreveio o ataque tão longamente esperado e demorado. De cada lado do caminho, como em um passe de mágica, de repente apareceram os jagunços sobre as rochas. Soaram disparos de rifles acompanhados por gritos de "Bom Jesus!" e "Viva o Conselheiro!". Uivando, os jagunços lançavam sobre eles zombarias homéricas, "Avança fraqueza do governo!" e, sob fogo intenso, três ou quatro soldados caíam.

A situação tornou-se crítica. Um perigoso tremor correu ao longo da linha, fazendo-a mover-se como uma víbora. Um momento mais e ela teria cedido e, se se quebrasse uma vez, nenhum homem teria regressado vivo. Porém, na maioria das crises, surge um homem firme para enfrentá-las e dominá-las. O major Febrônio, correndo à frente, em poucos momentos restabeleceu a confiança e os exaustos soldados, torturados pela sede, lutaram com valentia. De todos os lados choviam pedras sobre eles, mas foram capazes de afastar os jagunços com sua artilharia. Uma acometida de maior força separou os soldados em grupos, que ainda avançaram para afastar-se do desfiladeiro. Pouco a pouco as armas superiores se impuseram e, depois de um tumultuoso confronto, as tropas chegaram aos arredores do povoado e acamparam apressadamente, depois de três horas de luta. As munições estavam quase acabando, devido à loucura do comandante, que havia deixado para trás uma quantidade tão grande. Porém, até agora tinham saído vitoriosos, como testemunhavam quase trezentos cadáveres estendidos diante deles. A perda real das tropas era de dez ou doze homens mortos e sessenta feridos. Os últimos constituíam um grave problema, já que a falta de transporte obrigava a levá-los em liteiras rudimentares, que tornavam a retirada lenta e difícil. Mais uma vez seu triunfo era ilusório e, na situação em que se encontravam, sem provisões e forçados a ir atrás de água sob fogo, sua posição era muito perigosa, mesmo tendo conseguido uma vitória. Depois de descansar uma ou duas horas, o coronel Tamarindo chamou para um conselho urgente e expôs diante de seus oficiais as duas únicas alternativas possíveis. Se continuassem avançando ao amanhecer e atacassem o povoado, na eventual possibilidade de triunfar rapidamente, as provisões estariam asseguradas; mas se fracassassem ante forças tão superiores e com a escassez de munição, seu destino estaria selado e a expedição inteira se perderia.

Então se decidiram, com muita má vontade, pela retirada. Durante toda a noite houve alarmes e quando o dia raiou viram-se rodeados pelo inimigo. Nada lhes restava senão abrir passagem a qualquer custo, antes que a inanição os fizesse presa fácil dos jagunços, que estavam sedentos de sangue. Observaram um homem, alto, bronzeado e horrível, com a cara contraída por uma careta selvagem, que comandava o inimigo. Parado no meio de uma chuva de balas, escapava a elas como por encantamento e, quando percorria as fileiras, seus seguidores explodiam em um berro como o dos índios selvagens. Este era o celebrado Pajeú que por certo nessa ocasião confirmou amplamente sua redobrada coragem e demonstrou muitas das qualidades de um general guerrilheiro.

Como as tropas se viram uma vez mais obrigadas a entrar no desfiladeiro que corre junto ao monte Cambaio para chegar ao caminho aberto, Pajeú reservou seu principal ataque até que estivessem passando por debaixo das rochas. Ali depois de posicionar uma linha de atiradores em todos os rochedos, encabeçou uma feroz acometida contra as tropas em retirada. Tão impetuoso foi o ataque que os jagunços logo estiveram misturados com os soldados e lutaram com eles corpo a corpo. Os homens lutavam com suas facas, com baionetas e com a culatra de seus rifles, combatendo todos por sua vida. Um dos canhões Krupp emperrou e ficou silenciado, e Pajeú, arremetendo como um guerreiro do espaço de Tróia, estendeu seus braços ao redor de sua boca, gritando a seus seguidores que a fizessem girar, para bloquear assim o caminho. O outro canhão, disparando a curta distância contra os sectários que o seguiram, abriu passagem para as tropas que, depois de várias horas de luta, emergiram na planície.

Pajeú havia aprendido uma lição e, a partir daquele momento, os jagunços nunca tentaram ataques frontais contra seu inimigo, mas puseram em jogo as táticas dez vezes mais eficazes da guerra de fronteira – surpresas, emboscadas, ataques simulados – que mantiveram as forças do governo sempre alertas, sem a possibilidade de usar suas armas superiores. Depois de cinco dias de agonia, sem mais incômodos do inimigo, torturados pela fome e sede, com os pés doloridos e esgotados de carregar os feridos, chegaram novamente a sua base. A povoação, que havia esperado que retornassem vitoriosos, olhava-os em silêncio caminhar pelas ruas. Cobertos de pó, com as armas deterioradas, seus capacetes em muitos casos substituídos por grandes chapéus de palha tecidos rapidamente por eles à noite para defender-se do sol, com vendas manchadas de sangue, sujos, sem barbear-se e infelizes, caminhavam em desordem pelas ruas como a própria imagem da desesperança. Não se tentou nem sequer manter a disciplina e os homens caminhavam em grupos, macilentos e destruídos pela guerra, seguidos na retaguarda por seu coronel, ferido e montado em uma mula.

Assim terminou a tão falada expedição, a segunda que havia fracassado ante Canudos de forma lamentável. Um grito de raiva correu pelo país e, na capital, os ministros foram interpelados e resolveram reunir, tão rápido quanto fosse possível, uma força tão formidável que estivesse certa do êxito. Mas longe dali, no coração profundo do sertão, depois que uma longa procissão levara os mortos ao cemitério, cantando hinos e portando bandeiras, a alegria encheu os corações dos sectários.

Chegaram recrutas de todos os lados, trazendo consigo provisões. As trincheiras estenderam-se em direção a Cambaio e todos os rifles e munições que as tropas haviam deixado para trás foram cuidadosamente recolhidos e postos em condições para ser usados contra o próximo ataque. Uma vez mais as forças do "Cão" tinham sido vencidas, devido à eficácia das súplicas do profeta, pois durante o ataque ele tinha se isolado com uns poucos fiéis amigos sobre as vigas da igreja semiterminada e havia passado o tempo rezando. Depois de descer, quando caminhava entre seu rebanho, os homens apertavam-se para beijar suas vestes e as mulheres, chorando a sua passagem, clamavam às alturas por uma bênção para seu Conselheiro.

CAPÍTULO 12

No Rio de Janeiro, a raiva e a decepção não conheceram limites, misturadas, por assim dizer, com um sentimento de estupor diante do fato de que homens indisciplinados e mal-armados pudessem ter derrotado as melhores tropas que eles tinham para enviar.

Não se detiveram para pensar que as derrotas tinham se devido mais às dificuldades da região que às armas dos rebeldes. Não obstante, aguardava-lhes algo pior. Aconteceu que as duas derrotas que os jagunços infligiram ao governo ocorreram antes que ele tivesse se consolidado, depois da abdicação do Imperador. Várias revoltas tinham se produzido em diferentes partes do Brasil. Naquele tempo, ninguém tinha conseguido maior espaço na admiração pública que certo coronel da Infantaria, um tal Antônio Moreira César, que acabava de sufocar uma revolução no sul. Sua fama havia corrido mais rápido que ele e gozava de reputação como soldado valente mas feroz, cujas mãos estavam ensopadas de sangue.

De baixa estatura, cambaio e com um peito frágil, nada em seu exterior revelava sua febril energia. Sua cara era pálida, mas inexpressiva, sua testa alta e proeminente e sobre ela trazia uma mecha de cabelo jogada para a frente para ocultar sua calvície. Toda sua aparência era a de uma estátua de um museu de cera, e seus gestos lentos e sua fala titubeante completavam a impressão de uma pobre mentalidade. Nada estava mais longe da verdade. Brilhante na ação, valente até a temeridade, era ao mesmo tempo paciente e audaz nas idéias, capaz de suportar toda penúria, ambicioso, vingativo, inclusive até a crueldade, mas ao mesmo tempo tão constante como o aço para a causa que havia abraçado.

Como um verdadeiro produto dos trópicos, passava em um instante de uma fria reserva a uma fúria demoníaca, e tinha um temperamento de epilético, porque seus acessos de fúria tinham ares de loucura, apesar de que, nessa época, ainda não se tinha dado a conhecer tal como era. A opinião pública apontava-o como o homem mais adequado para dirigir uma operação contra os sectários e, como costuma ocorrer, a opinião pública mostrava-se favorável ao pior homem para esse posto. Além disso, ele havia tido uma grande experiência em guerra de fronteira, mas em um terreno muito diverso do sertão, nas largas pradarias do sul. Tão logo foi nomeado comandante da expedição, pôs-se a trabalhar com toda sua energia para escolher seus oficiais e para fazer da força que tinha que conduzir algo tão formidável que o êxito estivesse assegurado. O governo, que não podia enfrentar outro revés, deu-lhe o mais amplo poder em tudo, pondo as melhores tropas do país a sua disposição e não economizando gastos. Em um tempo incrivelmente curto, reuniu mil e trezentos homens, todos escolhidos entre os melhores corpos. Seus oficiais eram homens com os quais se podia contar. O major Rafael Augusto Cunha Matos comandava a artilharia, que dessa vez ia bem-equipada de munição, folgadamente suficiente para sua missão. A infantaria era conduzida pelo capitão Salomão da Rocha; e como nas duas expedições fracassadas a falta da cavalaria se tinha feito sentir fortemente, agregou-se à força um esquadrão, sob o comando do capitão Franco. A milícia do Estado, não muito numerosa, mas composta por homens acostumados à região e às táticas mais usadas no sertão, estava sob o comando do coronel Tamarindo que, depois de sua desastrosa retirada, ardia em desejos de vingança. Moreira César esteve na Bahia somente umas poucas horas e imediatamente seguiu adiante até o final da linha férrea de Queimadas, chegando ali proveniente do Rio de Janeiro com todas suas forças no tempo incrivelmente breve de cinco dias. Essa façanha iria lhe custar caro. Sem parar, exceto para deixar uma pequena guarnição em Queimadas, dirigiu-se com suas tropas a Monte Santo, que tinha escolhido como sua base. Nem bem tinha chegado ali, seja por causa do esforço realizado, seja porque a enfermidade, longo tempo latente, estivesse agora madura e pronta para estourar, foi vítima de um ataque epilético. Quando se refez, transferiu-se para Quirinquinquá, um pequeno povoado situado no caminho. Ali realizou-se um conselho de médicos e oficiais. Os médicos aconselharam com muita firmeza adiar a partida, pelo menos por uns poucos dias, para que Moreira César se recuperasse do ataque.

Ele se impôs contra toda oposição, e no dia seguinte, a 3 de fevereiro de 1897, a expedição se pôs a caminho em condições mais desastrosas que as duas expedições anteriores que haviam fracassado.

Desta vez o general estava doente, a estação era a menos favorável de todo o ano para operações militares no sertão; o calor era africano, os poços de água estavam todos secos ou reduzidos a barro e todo o gado havia sido açodado para longe da linha de marcha. A maioria das árvores havia perdido suas folhas no calor feroz, um fino pó vermelho levantava-se dos caminhos em nuvens envolvendo os soldados, protegendo o avanço do inimigo e convertendo todo o caminho em um calvário para as infortunadas tropas.

Desta vez resolveram evitar o caminho através do monte Cambaio que se havia revelado tão desastroso para as expedições anteriores e, depois de uma longa deliberação e de pedir conselhos aos homens do lugar, que geralmente os enganavam de propósito sobre as distâncias e as possibilidades de conseguir provisões no caminho, tomaram o velho caminho que passava por Cumbe, Aracati e Rosário, embora fosse pela mata. O mesmo guia, Jesuíno, agora promovido a capitão, ofereceu seus serviços e foi aceito efusivamente depois das provas de lealdade que havia dado. Como a estrada corria através de vegetação de floresta (caatingas), oferecia a possibilidade de ter sombra; mas, por outro lado, os sapadores tinham que abrir, através da densa vegetação, um caminho suficientemente largo para que passassem as tropas. A água era tão escassa como na outra estrada e, uma vez embrenhados na mata espessa, o calor se revelava tão insuportável como na planície aberta. Além de tudo isso, a trilha tinha sido abandonada pelos habitantes muito tempo atrás. As casas estavam desertas e a densa mata dos trópicos tinha crescido cobrindo tudo, apagando a curta autoridade do homem. Dessa forma, a decisão tomada foi um salto em direção ao desconhecido e, depois de uma longa deliberação sobre a conveniência de transportar água em bolsas de couro no lombo de mulas, desprezaram isso e levaram uma bomba de poço artesiano e um "buscador de água", que dizia saber onde era possível encontrar mananciais.

Por esse caminho, economizavam cinqüenta quilômetros de distância; mas as dificuldades que encontraram ali anularam qualquer vantagem que tivessem esperado ganhar por tal encurtamento. A mais elementar das prudências teria sugerido pôr sua base ao abrigo de um ataque de surpresa durante sua marcha. Como na última ocasião, um excesso de confiança no êxito final cegou-os completamente. Em Monte Santo, lugar definitivamente aberto ao ataque e deficiente para uma defesa prolongada, deixaram uma frágil guarnição de umas poucas dezenas de soldados e um canhão de tiro rápido. Depois tomaram o caminho da selva, mergulhando no desconhecido, sem duvidar de seu êxito.

Durante as três semanas que transcorreram desde a derrota da expedição do coronel Tamarindo até o lançamento da seguinte, sob o comando de Moreira César, Antônio Conselheiro havia se dedicado a fortalecer suas defesas sem perda de tempo. Os esforços infrutíferos do governo haviam aumentado enormemente sua fama. Uma vez mais lhe choviam recrutas de todos os lados e pôde facilmente preencher a brecha que a artilharia havia aberto em suas fileiras. Rumores extraordinários sobre seus poderes logo correram como rastilho de pólvora, não somente pelo sertão, mas também pelos territórios adjacentes. Contavam uns aos outros que haviam visto anjos lutando a favor do bom Conselheiro. Outros juravam que ele mesmo havia desviado as balas de canhão com um gesto de sua mão e que havia caminhado ileso em meio ao mais intenso combate. Longas linhas de peregrinos avançavam trabalhosamente pelos caminhos, trazendo gado e abundante provisão de grãos. Chegava bom número de inválidos, coxos e paralíticos, levados em redes por seus amigos, misturados com velhos, mulheres e ladrões de gado. Dirigiam-se a Canudos pessoas de todo tipo e condição. Pequenos proprietários de gado desfizeram-se de seus bens para providenciar armas para si mesmos e seus peões. Chegavam montados em seus melhores cavalos, recebiam as boas-vindas e imediatamente começavam a preparar-se para a próxima luta. Aqueles que viviam longe, que por uma ou outra razão não podiam ir pessoalmente, mandavam longas fileiras de mulas, carregadas com cereais, carne salgada e seca, farinha e provisões de todo tipo. O lugar estava cheio de víveres e o entusiasmo beirava o frenesi ante a afluência diária de novos contingentes. Antônio Conselheiro se multiplicava e era visto por todos os lados, animando os homens que cavavam trincheiras, dando as boas vindas aos recém-chegados a sua Sion e pregando com fervor suas doutrinas sobre o próximo fim do mundo, a bem-aventurança dos sofredores e a resistência ao ímpio governo.

Porém não descuidava da construção da igreja, empregando nela todos os não aptos para a luta – mulheres e até crianças –, indo e vindo para supervisionar seu trabalho sempre que lhe sobrava tempo. Tinha decidido não se deixar ser pego de surpresa novamente e, seja por ter aprendido de sua experiência passada, ou por conselho de alguém acostumado à arte da guerra, havia ocupado todos os pontos a uma légua ou duas de distância do povoado para impedir o avanço do inimigo. Pôs espiões por todos os lados, que penetraram facilmente nas bases que o governo havia deixado em Monte Santo e Queimadas, e que lhe mandavam informação de tudo o que viam.

Dessa vez os jagunços pareciam ter compreendido que era uma loucura atacar em campo aberto homens superiores em armas. A experiência havia lhes ensinado que sua região era uma fortaleza natural que podiam tornar quase intransponível por meio de estratagema. Cavaram suas trincheiras de maneira tão científica que parecia quase impossível que não tivessem sido assessorados por um capitão hábil na arte da guerra. Em diferentes pontos do desfiladeiro existente entre Monte Cambaio e o povoado, ergueram esconderijos de pedra, deixando fendas para abrir fogo e, nas árvores, a determinada altura, construíram plataformas baixas para que os atiradores se posicionassem sentados e disparassem em direção às tropas. Esses refúgios, chamados na gíria do sertão "mutans", foram usados em tempos de paz para matar cervos, espreitar os tigres ou qualquer outro animal de caça.

Em pontos estratégicos do desfiladeiro haviam empilhado grandes rochas para lançá-las sobre os invasores quando passassem debaixo, pelo único caminho que conduzia ao povoado. No grande bivaque – porque era realmente mais um bivaque que um povoado –, o barulho dos preparativos se prolongava até altas horas da noite, misturado com a melodia dos hinos. Os ferreiros afiavam as espadas, facas e baionetas, ajustavam as gadanhas e esporas, enquanto as mulheres armavam cartuchos. A pólvora era escassa, mas o enxofre e o salitre eram encontrados na região sem problemas, e o carvão de lenha, em uma terra de floresta, era fácil de ser obtido. A pólvora que logo produziram, embora tosca em qualidade, resultou excelente. Assim, ao acabar uma provisão de balas, estavam prontos para um cerco. Nada foi mais notável que o constante afluxo de bandidos e ladrões de gado. Chegavam "debaixo do cangaço", como teriam dito eles mesmos – quer dizer, armados da cabeça aos pés. Não parecem ter sido induzidos por nenhuma expectativa de pilhagem ou ganância material, pois ao chegar submetiam-se com muita boa vontade à disciplina imposta pelo comandante do povoado, João Abade, quem os convertia em suboficiais improvisados, atribuindo-lhes a defesa de um posto.

Para dizer tudo, é impossível não simpatizar em alguma medida com os desgarrados sectários, já que tudo que eles queriam era viver a vida a que estavam acostumados e cantar suas litanias. Fica claro que Antônio Conselheiro não tinha em seu propósito nenhum assunto existente na face da terra fora de seus próprios domínios. Seus sonhos estavam fixos em um mundo melhor e sua principal preocupação era preparar seus seguidores para a mudança que ele acreditava que ia acontecer tão em breve.

Como é freqüente em tempos de dificuldade, ele recorreu a mais cerimônias religiosas, mais litanias, mais auto-humilhação e a períodos mais longos de jejum e penitência, que impunha a todos. Seus espiões retornaram trazendo informação precisa, tanto do número como do poder de seus inimigos. Falaram tanto dos mortíferos canhões, dos regimentos de tropas bem-armadas e do terror do nome de Moreira César, que as pessoas simples o chamaram Anti-Cristo, pensando que era ele o horrível ser do qual tanto tinham ouvido falar seu bom Conselheiro. Pela primeira vez em suas longas atribulações, sua fé vacilou por um momento; não que temessem morrer pela causa que haviam abraçado, mas temiam morrer muito em breve, antes de que se cumprissem as profecias feitas pelo Conselheiro, e perder assim o reino dos santos que ele lhes havia prometido.

Uma grande procissão à nova igreja e um feroz sermão do Conselheiro prometendo-lhes vitória levantaram seus ânimos e se prepararam para lutar até as últimas conseqüências. Uns poucos desertaram, mas sua deserção somente reavivou o fervor dos outros. Antônio Conselheiro (terminados os preparativos para a defesa) ordenou um dia de oração e de penitência. Longas fileiras de mulheres vestidas de negro convergiam à igreja. Os fiéis abarrotaram seus corredores. Então, em mortal silêncio, ele ascendeu ao púlpito e, contemplando seu rebanho, em vez de lançar-se a uma ardente oração, baixou a cabeça e fixou os olhos no solo por um bom tempo. Depois, levantou a cabeça, dirigiu aos fiéis seu macerado semblante e, em uma ou duas frases entrecortadas, implorou a bênção de Deus para todos eles. O efeito foi mágico e instantâneo. A esperança renasceu e, ao grito de "Morra o Anti-Cristo", a congregação derramou-se para fora da igreja e cada um buscou seu posto.

CAPÍTULO 13

Por sua parte, Moreira César não tinha estado ocioso e havia feito todo o possível para elevar suas tropas a um alto estado de eficiência. A 22 de fevereiro, ao passar revista em Monte Santo, deu-se conta que tinha mil duzentos e oitenta homens e todas as armas, incluindo cinqüenta de cavalaria. Cada homem contava com uma provisão de duzentos e cinqüenta cartuchos, levados em cartucheiras ou carregados em mulas. A tudo isso se acrescentava um trem de mulas de carga e alguns vagões com a bagagem e sessenta mil cartuchos. Uma bateria de quatro canhões Krupp, comandada pelo capitão Da Rocha, fez uma breve demonstração na revista. O major Rafael Augusto da Cunha Matos e o coronel Tamarindo, ambos ansiosos por vinganças de suas derrotas passadas, tinham seus respectivos postos de comando que haviam assumido com avidez.

Dessa forma estava disposto o cenário para uma ação menor dentro do grande drama que esteve se desenvolvendo durante séculos entre o velho mundo e o que era até ontem a nova ordem. No tempo de Antônio Conselheiro, o desafio das hordas semítico-asiáticas não se tinha feito ouvir e a segurança da vida e da propriedade, junto com o casamento europeu, pareciam tão firmemente enraizados como os cimentos do mundo.

Depois de terminada a revista, em vez de enviar seus homens a suas cabanas e bivaques, Moreira César deu a ordem de avançar, para surpresa de todos, e a expedição inteira deixou Monte Santo uma ou duas horas antes do anoitecer. Em três dias chegaram a Cumbe, depois de uma viagem ainda mais penosa que a que tinham suportado as duas primeiras expedições. A seca mais intensa havia reinado durante todo o verão no sertão. Em lugares onde tinha havido poços de água, agora não restava nada a encontrar. As árvores erguiam sombrios esqueletos que pareciam marcos no caminho para a ruína. Até os pássaros já haviam abandonado há algum tempo a sedenta região. O gado tinha sido açodado a melhores pastagens. Mesmo as poucas bestas selvagens que se cruzavam com a coluna em marcha, gatos monteses e onças, estavam magros e esquálidos, mostrando-se desesperados de sede. Os soldados lhes disparavam de forma mecânica, mas erravam o alvo, e os animais pareciam fazer uma careta de zombaria quando grunhiam ante as nuvens de areia que as balas levantavam a sua passagem. Somente os lagartos estavam à vontade, e se cozinhavam sobre as pedras ardentes como salamandras. A luz ofuscante do céu se unia ao calor que ascendia da terra ressecada e os soldados desejavam ter entrado no purgatório. Depois de Cumbe, esperando escapar do ataque, a expedição deixou a mata a sua direita, seguindo o caminho por Cajazeiras e Serra Branca na planície, mas bordejando uma cadeia de montes. Os guias protestavam pela escolha do caminho, dizendo que era o mais tórrido e desolado do sertão; mas Moreira César não os ouviu e encabeçou a coluna a cavalo, sob um sol que parecia petrificar os miolos. Depois de uma marcha de oito horas, os exaustos homens, que não haviam bebido uma gota de água o dia todo, chegaram a Serra Branca. Esgotado, o general se safou do cavalo, que deixava pender a cabeça, muito cansado até mesmo para mover a cauda e espantar as moscas. Os homens caíram sem desfazer fileiras e se deitaram, com a língua de fora, negra pela sede, como cães depois de um longo dia de esforço.

Seu principal objetivo, depois de um curto descanso, foi instalar a bomba artesiana, mas para seu pavor, descobriram que, em lugar de embalar com ela uma broca para fazer os orifícios necessários, por algum acidente, ela foi substituída por uma máquina de levantar pesos. Nada restava a fazer senão esperar que o cair da noite trouxesse alívio do sol perseguidor e então partir novamente. Caminhando toda a noite, cambaleando e caindo na escuridão, afundados até os joelhos na areia do caminho, finalmente, pouco antes de raiar o dia, os homens chegaram a Rosário, onde havia um poço.

Febris, tendo passado dezesseis horas inteiras de sede, depois de uma noite quase tão fria como o dia havia sido tropical, os soldados beberam até que pareceu que iam secar o poço. Felizmente, todos os sul-americanos, sejam de procedência espanhola ou portuguesa, são pacientes para o sofrimento e suportam penúrias sob as quais as tropas européias sucumbiriam. Em pouco tempo, depois de descansar e dormir, recuperaram o ânimo e se felicitaram por ter passado sua noite de infortúnio sem um ataque do inimigo. Ardiam fogueiras no horizonte e de vez em quando, durante a noite, imaginaram que figuras imperceptíveis tinham estado acompanhando a expedição a curta distância de suas fileiras. Podem ter sido criações de seus cérebros abrasados pelo sol, ou espiões dos jagunços, que parecem haver compreendido que o clima e as penúrias do caminho eram ajudas tão eficazes como o recurso às armas. Seu sistema, aparentemente, consistiu em deixar os soldados entrarem o máximo possível em seu território, já que a terceira expedição nunca foi atacada ao longo do caminho.

Os soldados levantaram o ânimo e uma chuva leve, que durou meia hora, refrescou-lhes os corpos, de forma que uma vez mais começaram a menosprezar o inimigo e a falar de um mero passeio militar, à maneira das expedições que os haviam precedido em sua viagem à derrota. Choveu novamente, desta vez com fúria, convertendo os caminhos em rios de lama e dificultando as manobras. A ordem de levantar acampamento foi dada exatamente ao amanhecer e, na penumbra e na chuva, os soldados armaram as cabanas. Um alarme soou de repente, que se revelou falso, e em 1º de março se puseram novamente a caminho. No dia 3, acamparam em um lugar chamado Pitombas, depois de um jornada de sete ou oito léguas. A chuva havia cessado e, ao final de uma ou duas horas, o sol foi de novo seu principal inimigo.

Já haviam chegado perto de Canudos sem ser atacados nem ter o menor sinal dos jagunços, exceto as figuras furtivas que os espiavam à noite. Enquanto avançavam cantando, os soldados falavam de uma fácil vitória. Com um chefe como Moreira César tudo era possível. Alguns falavam em tomar café da manhã no dia seguinte dentro de Canudos e outros se lamentavam abertamente por ter que voltar sem um combate e sem gastar um cartucho. De um extremo a outro da longa e dispersa linha, corriam gracejos e bravatas, enquanto muitos se surpreendiam de que tantos admiráveis pontos estratégicos tivessem sido deixados sem defesa pelo inimigo. De fato, mais uma vez, caíram no velho erro da autoconfiança excessiva, sem compreender a tática de Antônio Conselheiro de atraí-los para a cova do leão. Exatamente quando saíam de Pitombas para marchar até a última etapa, Angico – onde planejavam acampar –, uma descarga de fuzil proveniente de um cinturão de vegetação colocou-os em alerta. Ao primeiro fogo do inimigo invisível, perderam um oficial e seis ou sete homens. Moreira César deu uma ordem de parar e enviou uma guarda avançada de atiradores. Eles avançavam disparando em direção à vegetação. Tudo o que viam eram o abrir e fechar-se dos arbustos quando os jagunços desapareciam, adentrando na densa mata.

Encontraram uma escopeta no chão e levaram-na a seu comandante como butim de vitória. Tomando-a em suas mãos, ele disparou um tiro para o ar, comentando tranqüilamente: "Suas armas são bastante ineficazes e pouco temíveis". Mal sabia o que tinham guardado para ele.

Deixou os feridos em Pitombas, com um médico e uma guarda, e seguiu adiante rapidamente. Em vez de parar em Angico para que seus homens descansassem, como um soldado prudente teria feito, ocupando todo o tempo necessário para traçar seus planos e ouvir o relatório de seus exploradores, ficou lá apenas um quarto de hora. Cavalgando até a frente da coluna, dirigiu-se a seus homens: "Camaradas – disse –, os senhores vêem que minha saúde é ruim; um homem pode morrer apenas uma vez; mas depois de tudo, nossa meta, Canudos, está muito próxima de nós. Vamos avançar e capturá-la imediatamente".

Os soldados responderam-lhe com vivas: "Sim, general, – gritaram – todos o seguiremos. Avancemos imediatamente". Depois de seis horas da mais penosa marcha, chegaram ao monte baixo chamado monte Favela e, depois de rodeá-lo, viram Canudos a seus pés. Posicionando rapidamente um canhão, os artilheiros dispararam duas salvas e Moreira César, com um sorriso, completou: "Aí vão dois cartões de visita para Antônio Conselheiro, para avisar-lhe que estou aqui".

Por que, tendo quatro canhões Krupp, não enviou uma mensagem a Antônio Conselheiro intimando-o a render-se, ou não fez o lugar ir pelos ares é difícil de entender. À maneira dos outros comandantes de expedições anteriores, parece ter subestimado precipitadamente a capacidade de luta dos jagunços. Em vez de abrir fogo efetivamente, limitou-se aos dois "cartões de visita" e depois fez seus homens acamparem. Foi a coisa mais extraordinária que os dois tiros disparados quase de brincadeira incendiassem várias casas, fazendo rir os soldados quando viram seus habitantes correr atropeladamente para um lugar seguro, atrás da enorme igreja. Depois de um breve descanso no acampamento que dominava todo o povoado, as tropas avançaram uma a uma para atacar, pensando, sem dúvida, que em uma hora seriam donos do lugar. Moreira César não parece ter tido a menor dúvida do êxito. Assim adiantou seus homens em coluna com a artilharia sobre os flancos e marchou diretamente para adentrar-se no labirinto de ruas sinuosas, sem nenhuma vacilação, em meio a um silêncio sepulcral. Os homens avançaram, com suas fileiras um pouco desfeitas pelas ruelas tortas, rindo e farreando, exclamando, ao encontrar todas as casas desertas: "Esta é uma cidade de mortos".

Quando as últimas fileiras haviam entrado no intrincado sistema de ruelas intercruzadas, um intenso fogo explodiu sobre eles, vindo de detrás das casas, dos poços habilmente cobertos com palmas e dos altos muros da igreja ainda não terminada. De todos os lados, de baixo da terra e do céu, aparentemente, os disparos caíam sobre eles, provocando consideráveis baixas e causando quase pânico nas fileiras. Nada restava, senão retirar-se imediatamente ou tomar as casas e desalojar os franco-atiradores na ponta da baioneta. Os soldados, apesar de ter sido tomados de surpresa, logo se refizeram valentemente e se lançaram ao ataque. À medida que avançavam, descobriam mais poços com atiradores a sua retaguarda e ficaram presos entre dois fogos.

As ruas sinuosas, que freqüentemente não tinham saída, desviando uma carga quando encontrava seu caminho fechado, logo dividiram a força de ataque em pequenos grupos que avançavam sobre as casas e os poços, separados do corpo principal das tropas. A artilharia temia disparar porque, na vasta toca de coelho humana, pululavam os combates em que os homens lutavam sem a mínima ordem, com baionetas, culatras de rifles e facas. Na violenta confusão, tinha se perdido toda a vantagem da disciplina e os atléticos sertanejos eram mais especializados em lutas dessa natureza que os soldados das tropas. Atiravam a queima-roupa sobre as fileiras, com rifles que atravessavam os interstícios das precárias casas e nunca erravam o alvo. As mulheres, com olhos furiosos e cabelos flamejantes ao vento, carregavam os velhos trabucos assim que se esvaziavam, ou traziam outros já carregados para entregar nas mãos dos impetuosos combatentes. Traziam bolsas com cartuchos para as armas modernas, posto que, nesse tempo, fossem comprados ou tirados dos mortos das expedições passadas, grande quantidade de bons rifles haviam caído nas mãos dos jagunços. À medida que os sentenciados soldados adentravam mais no povoado, chovia sobre eles toda sorte de projéteis: água quente, pedras aquecidas ao fogo, tochas feitas com corda untada em breu, caíam intensamente sobre suas cabeças. Quando as tropas tomavam um grupo de casas, não sem sérias perdas de seu lado, derrubavam-nas somente para encontrar diante deles outro grupo, igualmente bem-defendido. Durante a batalha, ouvia-se uma salmodia, longa e lúgubre, uma arrastada melodia distintamente perceptível através de todo o fogo e o barulho.

Os soldados levantavam a cabeça involuntariamente e, para seu espanto, viam o profeta com uma dúzia de homens parados sobre os muros da grande igreja, cantando suas litanias tão sossegadamente como se não estivesse em andamento um combate e nenhuma luta acontecendo. Uma chuva de balas não conseguiu alcançá-lo e os tons lúgubres converteram-se em um hino de triunfo; e ainda a luta fervia violentamente nas ruas com variável resultado.

Os números começaram a mostrar-se relevantes e, pouco a pouco, os exaustos soldados foram repelidos até as imediações do povoado. Um chefe prudente teria dado o toque de retirada e teria iniciado o fogo com sua artilharia. Moreira César, embora um bravo homem experiente na guerra, era temerário em grau suficiente e presunçoso. Então, montando em seu cavalo, colocou-se à frente de sua reduzida tropa de cavalaria para liderar um ataque em direção ao interior do povoado. Seu número não superava os cinqüenta e todos seus cavalos estavam ou coxos ou fora de condições para um ataque, devido ao esforço de tanto viajar. Avançaram a galope curto, com Moreira César cavalgando à frente e brandindo sua espada. Um riacho estendia-se entre eles e o povoado e, quando galopavam encosta abaixo para cruzar seu leito, alguns dos fatigados e rendidos cavalos caíram, esmagando seus cavaleiros e quebrando as fileiras. Bem no meio do riacho viram-se expostos a um fogo intenso proveniente de poços que escondiam atiradores. As selas se esvaziaram, o ataque enfraqueceu e cedeu; então o pânico apoderou-se dos homens, que se voltaram para fugir, todos em desordem, um alvo fácil para os atiradores escondidos. Moreira César, enlouquecido de angústia e vergonha, galopava furiosamente de um lado para outro, gritando e maldizendo, em uma tentativa de fazer voltar os fugitivos. No momento em que chegava à margem, uma bala atingiu-o no estômago e ele soltou as rédeas exclamando "Não foi nada", embora sua cabeça caísse sobre o peito.

Dois oficiais, vendo sua situação, correram velozmente para seu lado, mas quando o alcançaram e estenderam-lhe as mãos, uma segunda bala o atingiu, dessa vez mortalmente. Ainda permaneceu sobre seu cavalo, sentado na sela, semiconsciente, amparado de cada lado por seus dois oficiais, que o levaram de volta ao acampamento que tão recentemente havia deixado.

O comando foi transferido ao coronel Tamarindo que, com mais prudência que seu chefe, entrou em ação instantaneamente para retirar suas forças do povoado e voltar a formar suas dispersas companhias sob o fogo da artilharia.

A noite caía quando as tropas lentamente se retiravam do labirinto. Tocou o Ângelus e, enquanto soava no ar, agora silencioso, os jagunços lançaram no chão seus chapéus de couro, persignaram-se piedosamente e, caindo de joelhos, oraram com fervor dando graças ao Deus dos Exércitos que, por intercessão de seu Conselheiro, lhes havia enviado a vitória.

CAPÍTULO 14

Quando finalmente o coronel Tamarindo pôde tirar suas tropas do ninho de vespas em que a temeridade de seu chefe anterior os havia enfiado, recuou até seus canhões. A essa altura todas as fileiras estavam desfeitas e, embora as tropas tivessem infligido sérias perdas aos inimigos, as próprias, em relação a seu número, eram ainda maiores. O morro em que estavam instalados os canhões estava demasiado próximo ao povoado para que permanecessem ali, por temer um ataque de surpresa. Em razão disso, como uma massa confusa e revoltada, retiraram-se a um monte mais alto chamado Alto do Mário, à distância de quatrocentas ou quinhentas jardas. Ali acamparam formando um quadrilátero irregular, com a artilharia e os animais de carga dentro. Como ainda restavam várias horas de luz, o porquê de não terem reduzido imediatamente a ruínas o povoado com seus quatro canhões Krupp é algo para o qual não houve nunca explicação.

Moreira César, embora temerário e desatinado, era, acima de tudo, um homem enérgico. Se tivesse estado sadio para tomar o comando, tudo ainda poderia ter-se salvado e se teria restabelecido a disciplina em suas fileiras. Seu sucessor, o coronel Tamarindo, embora acostumado às aventuras desde sua juventude e treinado na luta de fronteira, acostumado às penúrias e bravo oficial, era contudo um fatalista. Possivelmente desalentado por sua derrota anterior, ou por sua idade, porque havia passado longamente dos sessenta, havia-se embarcado na expedição totalmente contra sua vontade. Desde o primeiro dia tinha estado melancólico e agora, justo no momento em que tinha tomado o comando, caiu em um acesso de estupor e, sentando-se sobre uma caixa, ficou com a cabeça entre as mãos. Nada conseguia movê-lo de sua letargia. Aos oficiais que vieram pedir-lhe instruções, tudo que conseguiu responder foi: "Dadas as circunstâncias, façam o que puderem". Essa atitude levou-os a um completo desencorajamento. Era o momento, para um homem valoroso, de maldizer um pouco, de rezar outro pouco, de falar da honra e do lar, das namoradas e esposas; de atingir algum deles com a lâmina da espada, meio irritado e meio brincando, de alentar os vacilantes com uma palavra de ímpeto, de impor-se aos indóceis e, com seu exemplo, devolver a coragem a seus corações e ordem às fileiras. O pobre coronel Tamarindo não era o homem indicado para o apuro em que se encontravam. Seus oficiais devem ter pensado com pena em seu chefe, imprudente mas enérgico, mortalmente ferido, jazendo desvalido em uma velha casa em ruínas chamada "A Fazenda Velha", no meio da praça.

A noite caiu sobre os abatidos e desanimados soldados, como é freqüente no sertão, estrelada e silenciosa. As estrelas brilhavam como luas na atmosfera clara e o Cruzeiro do Sul se elevava lentamente sobre Canudos, até parecer um vigia da cidade do Conselheiro. Em intervalos de poucos minutos, o resplendor dos relâmpagos de verão iluminava tudo, tornando a noite mais misteriosa ainda nos intervalos. As rãs coaxavam com uma nota metálica, as cigarras cantavam e, nos escassos arbustos da margem do rio, miríades de vaga-lumes moviam-se de um lado para outro, como uma chuva de lantejoulas de ouro. Noites como essa parecem levar a alma a uma conexão mais íntima com o espírito da Natureza e elevá-la acima da região dos desejos meramente egoístas, para unir-se a Deus em seu próprio benefício, em comunhão não só com a divindade, mas também com tudo criado por Ele.

A desorganizada massa de soldados pensava muito pouco nisso, preocupada somente com sua vida. Junto ao fogo do acampamento, teve lugar uma apressada reunião dos principais oficiais e, depois de uma breve deliberação, concordaram em levar ao conhecimento de seu líder moribundo o que haviam decidido sobre a retirada. Nomearam um capitão para comunicar-lhe as novas, enquanto ele jazia com a cabeça sobre uma sela, envolto em sua capa militar. Embora só lhe restassem umas horas de vida, sua mente estava clara, mais clara talvez do que havia estado durante o curso de sua desastrosa expedição, e sua decisão permanecia fixa e imutável. Escutou a mensagem com assombro. Depois, apoiando-se em um cotovelo, pálido e com o suor da morte em seu cabelo, mas decidido e enérgico até o fim, com voz clara deu suas razões contrárias àquele plano.

– Restam-nos – disse – setecentos ou oitocentos soldados, todos armados e bem-abastecidos de munição. É tarefa dos senhores restabelecer a disciplina entre eles e, uma vez feito isso, há homens suficientes para levar adiante a luta. Nossa posição nesse lugar é boa, pois com nossos canhões dominamos o povoado. Ataquem-no com audácia e será dos senhores.

Do raciocínio passou à desaprovação, à fúria, ao desespero, mas não pôde infundir sua coragem e sua resolução em corações insensíveis à vergonha. Depois deu sua última ordem:

– Não se deve começar a retirada.

Isso não os persuadiu. Então, chamando seu secretário, ditou-lhe seu último despacho, informando o governo de tudo que havia feito. Por último, quebrado pela rápida aproximação da morte e pela desonra ante uma retirada que viu que ia começar assim que ele não tivesse mais o poder de dar ordens ou protestar, escreveu de próprio punho à margem do documento: "Retiro-me do exército". Depois, deixando-se cair de novo no chão, envolveu a cabeça com sua capa e em poucas horas chegou a seu fim sem dizer uma palavra.

Sua morte levou ao extremo a confusão e a desesperança de suas decaídas tropas. Às dificuldades de sua situação e à distância que tinham que percorrer antes de poder alcançar um lugar seguro, acrescentou-se agora uma onda de superstição que se estendeu sobre eles. O excesso de confiança com que tinham saído e o insensato desdém por um inimigo que não devia ser desprezado deu lugar a um terror cego em relação a ele. Os soldados provinham todos das províncias do norte e, no essencial, embora com um matiz de sangue negro, pertenciam à mesma raça de seus inimigos. O nome Antônio Conselheiro era-lhes familiar. O mais provável é que todos tivessem ouvido falar e alguns acreditado em seus poderes sobrenaturais. Em meio à tropa, não havia nenhum reforço de homens melhor educados, de regiões próximas à capital. Os enérgicos paulistas brilhavam por sua ausência e não havia, para zombar de seus temores, nenhum do Rio Grande, homens meio *gauchos*, vinculados aos *gauchos* materialistas do Uruguai e da Argentina. Histórias extravagantes circulavam sobre os poderes de Antônio Conselheiro. Ele tinha sido visto sozinho, no alto da igreja, detendo as balas com as mãos e deixando-as cair no chão. Todo o ocorrido parecia inexplicável aos supersticiosos soldados e, mais que tudo, a derrota e morte de seu comandante, ao que todos consideravam invencível. A meia-noite espalhou o alerta em todo o campo. Os sentinelas e exploradores chegaram disparando seus rifles enquanto corriam. De Canudos, sepultado na profundeza das trevas, vinha um som de muitas vozes, um rumor como de milhares de homens avançando, segundo lhes pareceu. Puseram-se alertas e escutaram; então seus vãos temores se acentuaram, porque não era o som de uma tropa avançando o que os havia alarmado, mas uma prece universal. Mulheres e homens e crianças, velhos e jovens, combatentes e não combatentes, todos por igual oravam fervorosamente, guiados pelo profeta desde o ponto mais alto da igreja terminada pela metade.

Era um som que a qualquer um deve ter parecido misterioso e ainda aterrorizante. Um povoado de umas vinte mil almas, todas rezando em uma voz e um acorde que saía da escuridão da noite. Esta transmitia até a tropa semiderrotada e totalmente transtornada, que escutava agrupada sobre o monte, um estremecimento de terror supersticioso que penetrou sua alma. A vitória estava ainda a seu alcance se somente o tivessem sabido ou se seus oficiais tivessem possuído uma pitada da energia do pobre Moreira César, que agora jazia morto, envolto em sua capa militar – a mais apropriada mortalha para um bravo soldado. Sua força estava nos canhões que não tinham acertado em usar e nos quais apoiavam seu domínio sobre a miserável vila que se achava a seus pés. Não há arma que empreste coragem a um covarde, e nesse caso verificava-se amplamente o velho ditado espanhol: "Carregado de ferro, carregado de medo".[45]

Os primeiros tênues raios da aurora encontraram-nos prontos para pôr-se a caminho. Seu chefe, o coronel Tamarindo, parcialmente recobrado do estupor que o havia confundido, teve ainda o bom senso de pôr certa ordem em seus homens e enfrentar a árdua retirada. O primeiro a abandonar o campo foi o destacamento das melhores tropas e o que restou da derrotada cavalaria. Enviou-a a rodear os flancos, com a função de explorar; mas as más condições dos cavalos, que haviam passado uma noite privados de água e comida, tiraram-lhe a utilidade.

Depois veio a vanguarda, escoltando os animais com a bagagem, e com os feridos carregados em liteiras improvisadas; depois, envolto em um couro, o corpo de seu líder, atado sobre uma mula. Por último seguia a metade da artilharia, porque tinham deixado dois dos canhões a cargo de um subalterno, sobre o monte em que haviam levantado o acampamento, com ordens de deter o avanço inimigo a todo custo.

Ele atuou valentemente, pois no momento em que as últimas fileiras das tropas em retirada deixavam o acampamento, foi atacado

45 "Cargado de hierro, cargado de miedo".

por todos os lados. Em Canudos, um sino da enorme igreja chamou às armas e uma densa descarga disparou vindo de todos os lados sobre o jovem e bravo oficial e seus homens de artilharia. Quando julgou que todos seus camaradas tinham começado sua marcha a salvo, e depois de ter matado quase cem de seus inimigos, recolheu seus canhões e recuou em boa ordem depois da força em retirada. Se somente tivesse permanecido e tivesse voltado seus canhões sobre o povoado, o resultado final da desastrosa expedição podia ter-se alterado; mas estava escrito de outra forma no grande livro da humana insensatez, que muitos consideram como o destino.

Quando o dia raiou, ele deixou ver a coluna em marcha, ainda em boa ordem mas rodeada de cada lado pelos jagunços, que de todos os pontos privilegiados do caminho lançavam sobre eles uma exasperante chuva de fogo. Ainda não havia nada em sua situação que um dirigente enérgico não tivesse podido manipular somente mantendo alguma disciplina e contando com o mais elementar conhecimento existente em qualquer lugar sobre como conduzir uma retirada. Uma vez saídos dos desfiladeiros e na planície, poderiam ter acampado junto ao rio, ter deixado pastar os animais de carga sob guarda, enquanto a artilharia detinha o inimigo até que todos tivessem descansado e se tivesse empreendido com ordem uma retirada. Isso teria permitido ir pondo gradualmente todos a salvo, pois os jagunços nunca se aventuravam longe de seu próprio território.

Nada era mais alheio às mentes desses soldados mulatos que deter-se. Seus camaradas caíam nas fileiras a cada rajada de fogo dos jagunços. Somente a artilharia resistia cobrindo a retirada, disparando briosamente sobre as cerradas fileiras dos sectários que os perseguiam. Pouco a pouco os artilheiros eram alcançados pelos franco-atiradores, e caíam junto a seus canhões. Todos caíram valentemente, de cara com o inimigo.

Seu destino e a recusa dos jagunços a atacá-los de perto mostram claramente o que poderia ter-se levado a termo se o resto da expedição em retirada tivesse mostrado um mediano vigor. Finalmente a catástrofe se desatou sobre a horda que retrocedia. Os canhões, que vinham arrastados pelas mulas, detiveram-se de repente em uma curva da estrada, antes de que a expedição tivesse se afastado do desfiladeiro que corre sob o monte Cambaio. O coronel Tamarindo, que desde o amanhecer havia manifestado uma energia e uma coragem em proporção inversa à fraqueza da noite anterior, expôs sua vida temerariamente, galopando intrépido de uma ponta a outra da coluna, tentando infundir ânimo a seus homens. Seus esforços foram vãos e os últimos artilheiros foram massacrados em torno a seus canhões. Com gritos de triunfo, os jagunços aproximaram-se, em número esmagador, sobre a coluna. Esta fez somente uma leve resistência; abandonando os animais de carga, deixando o corpo de Moreira César no chão, todos se lançaram a uma fuga desesperada. Lançavam mochilas e fuzis. Baionetas, caixas com cartuchos, mantas e casacos ficavam espalhados pelo caminho, por todos os lados. Como abutres, os jagunços atiravam-se sobre os fuzis abandonados, abatendo o capitão Salomão e quatro valentes artilheiros que permaneceram fiéis até o final. O coronel Tamarindo, que haviam deixado sozinho, ainda tentava deter a maré de fugitivos, aplicando uma coragem e um desprezo à morte que chegava muito tarde ao campo de batalha. Quando galopava brandindo sua espada e gritando ordens aos homens em fuga, uma bala feriu-lhe no peito. Caiu meio morto e, com hálito desfalecente, deu sua última ordem a um oficial que galopou até ele:

– Entrego o comando ao coronel Cunha Matos. – Depois caiu rolando entre as patas de seu cavalo moribundo que, atravessado por vinte balas, tinha cambaleado até chocar-se contra uma pedra.

A expedição, que tão pouco tempo atrás havia deixado sua base bem-armada e bem-provisionada, segura do êxito, marchando ao som de clarins e tambores, havia desaparecido. Tudo o que restava era uma mera turba de fugitivos. Oitocentos homens sem provisões, indefesos, abrasados pela sede, desamparados e carentes de guias, ficavam como marinheiros náufragos lançados ao mar sem bússola. Muitos que abandonaram os caminhos logo se extraviaram e pereceram na mata, de fome e de sede. Uns quinhentos mantiveram-se juntos, sem ser perseguidos, porque os jagunços estavam ocupados em arrastar os canhões, em caçar as mulas carregadas com munição e provisões e em recolher os rifles, baionetas e armas que encontravam esparramados no chão. A reserva de munições que Moreira César havia deixado para trás, em Rosário, caiu toda nas mãos dos triunfantes sectários, que assim estiveram em condições de equipar as fileiras frontais de sua linha de combate com melhores armas, que usaram com considerável eficácia contra seus inimigos.

Depois de três dias de agonizante fuga, em que os homens caíam sobre a areia e morriam a cada volta do caminho, o grupo principal de fugitivos chegou a Monte Santo sem ser perseguido, exceto por seus próprios temores. O que suportaram no caminho, sem provisões, no maior rigor do verão, obrigados a avançar continuamente sob pena de morrer de sede, pode ser mais facilmente imaginado que descrito. Segundo a impressionante frase de Euclides da Cunha,[46] que foi tomada dos próprios jagunços, "as forças do governo converteram-se em uma fraqueza",[47] naquele momento pelo menos. Todo o resultado da expedição sob o comando do tão alardeado líder, Moreira César, havia consistido em equipar os jagunços pela primeira vez com artilharia e com uma copiosa provisão de armas. Inclusive havia estimulado seu fanatismo e elevado o prestígio de Antônio Conselheiro até uma altura sem precedentes. Seus seguidores consideravam sua vitória como um milagre causado por suas preces. Tinham visto as forças do governo chegar ante Canudos, incendiar várias casas ao primeiro fogo da artilharia e se tinham dado por perdidos. Depois, sem razão aparente, tinham visto as mesmas forças, ainda inteiras, ainda com uma formidável artilharia cobrindo sua retirada, retroceder e romper a ordem, depois converter-se em uma turba e lançar suas armas ao chão. O que pode surpreender que a homens ignorantes e supersticiosos isso lhes parecesse um milagre?

---

46 *Os Sertões*.
47 Um jogo entre as palavras "força" e "fraqueza".

Sua imprevista vitória parece ter agitado em suas mentes instintos que talvez deviam a seus mais remotos ancestrais da África, ou aos índios tupis, cujo sangue corria nas veias de muitos deles. Depois da batalha e do armazenamento das armas, voltaram imediatamente sua atenção para os mortos. Decapitaram-nos e queimaram seus corpos em grandes pilhas. Puseram suas cabeças sobre estacas de cada lado do desfiladeiro que corre entre Canudos e o monte Cambaio, tal como os ashantis tinham uma avenida de cabeças diante de sua capital. Sobre cada cabeça penduraram, nas árvores e moitas, uma mochila, uma jaqueta ou um quepe, um cinto, uma sela ou uma capa militar, de forma que o caminho inteiro parecia uma feira de despojos da morte.

Por último, empalagado e erguido, consumido como uma múmia pelo ar seco do sertão, cravaram o corpo do coronel Tamarindo, como se ainda comandasse seus infelizes homens, colocando-o a uma ou duas jardas de onde caiu. Seu cavalo, mortalmente ferido, tinha cambaleado uns passos antes de morrer de pé, ficando apoiado em um montículo. Os jagunços deixaram-no onde havia terminado sua corrida e o árido clima empalhou-o de modo que, meses depois, quando uma nova expedição passou pelo desfiladeiro, ainda estava perfeito, incorrupto e seco, com o vento levantando sua crina por alguns momentos – verdadeiramente, um pálido cavalo da morte, descendente direto de seu protótipo no Apocalipse.

CAPÍTULO 15

Pela terceira vez as forças do governo haviam sofrido um revés nas mãos de homens indisciplinados, mal-armados e ajudados principalmente pelos obstáculos da região em que viviam. Não havia possível compromisso a alcançar pelas forças que estavam em jogo. O governo não podia permitir-se de forma alguma tratar com Antônio Conselheiro, porque não tinha nada em seu poder para lhe oferecer.

Ele, por sua parte, o mais provável é que nunca tivesse consentido conversar com uma entidade que havia tipificado como o Anti-Cristo.

O golpe que o governo havia recebido, instável como estava, com várias revoluções para controlar, era grave para seu prestígio. Porém, elas não eram tão sérias como o movimento do sertão, pois eram do tipo comum na América do Sul, provocadas por homens ambiciosos. Se qualquer uma delas triunfasse, um governo teria sucedido a outro, muito semelhante ao anterior. Antônio Conselheiro, com sua doutrina milenarista, desafiava, embora ele mesmo não tivesse consciência disso, todos os fundamentos da sociedade. Nenhum desafio é tão fatal para qualquer sistema como o que prevê seu rápido final, porque o estado de coisas assim desafiado torna-se insignificante para os crentes na profecia. Provavelmente Antônio Conselheiro não tinha idéias muito definidas sobre sua própria situação ou sobre o poder do governo. Seu último êxito não parece ter-lhe dado excessivas presunções, nem parece que ele tenha concebido idéia alguma de conquista além dos limites do sertão.

Se o tivessem deixado tranqüilo, é provável que as coisas se tivessem desenvolvido de maneira inteiramente pacífica, pois suas doutrinas parecem ter se enquadrado muito bem com seus seguidores. Não havendo acordo possível entre um governo que sustentava a confortável e usual doutrina de que amanhã será igual a ontem e proclamava toda mudança como progresso, redondamente convencido de ser o depositário de toda sabedoria e senso comum e, por outro lado, um profeta que considerava toda sabedoria humana como um mero soar de pratos, não restava outra saída senão resolver o assunto lutando até o fim. E isso era o que ambas partes estavam dispostas a fazer.

O governo reuniu na Bahia uma força de uns cinco mil homens, com artilharia de campo e de cerco, meio regimento de cavalaria vindo do Rio Grande do Sul, composto por gaúchos, todos sob o comando do general Artur Oscar Andrade Guimarães, um oficial de considerável renome.

Uma vez mais o presunçoso e estúpido excesso de confiança, que se tinha demonstrado tão desastroso para as três expedições precedentes, apoderou-se da quarta. As ordens do general eram as de perder o menor tempo possível na Bahia, avançar de imediato até o final da linha férrea de Queimadas e ali estabelecer uma base provisória de operações e esperar a chegada das tropas. Viu-se obrigado a fazê-lo, inclusive mais rápido do que lhe seria conveniente, por causa da estúpida conduta de seus oficiais e demais homens.

Os oficiais, em sua maior parte cadetes recém-formados nas escolas militares, que provavelmente nunca tinham saído da capital, viram na Bahia somente um posto avançado do sertão. As ruas sinuosas e as altas casas coloniais com seus tetos de telhas vermelhas, a abundância de conventos e igrejas, os corredores escuros e portas maciças, com escudos de armas entalhados profundamente sobre elas, pareceram aos jovens nada mais que vestígios de barbárie. Andavam por aí fazendo soar seus sabres, arrastando as inúteis esporas sobre o pavimento e caminhando como se estivessem ocupando um território conquistado. Todos pareciam perceber na revolta dos jagunços um movimento para restaurar a monarquia. Mal passava um dia sem algum incidente desagradável ou algum choque com a população civil, que se opunha a Antônio Conselheiro tanto quanto os próprios oficiais.

O general viu-se obrigado a dar ordens de que as tropas embarcassem no trem para Queimadas diretamente do porto, de forma que em poucos dias, depois de haver deixado uma desagradável impressão na Bahia, todos estiveram reunidos no final da linha férrea e marcharam sem demora para Monte Santo que, como antes, tinha sido eleita como base.

Antônio Conselheiro parece ter tido pouca ou nenhuma ilusão sobre o destino reservado a ele e à Sion de seus seguidores, ante tão formidável força. Não obstante, preparou tudo como para uma desesperada defesa. A nova grande igreja estava quase terminada nessa época. Ali montou dois dos canhões Krupp tomados da terceira expedição. Localizou os outros dois em posições estratégicas para defender as entradas do povoado. As pessoas ainda afluíam a Canudos, trazendo provisões, e todo o campo a suas costas ficava-lhe aberto e era, em geral, favorável a sua causa. Dispunha agora de certa quantidade de rifles modernos e boa reserva de munições para eles.

De forma alguma afastou-se dos recursos espirituais, rezando incessantemente, impondo jejuns e penitências ainda mais rigorosos, profetizando o juízo final, depois do reinado de Dom Sebastião na terra. Se os líderes mergulhados no crime, como Pajeú e Macambira, realmente acreditavam ou mesmo lhes preocupava a vinda de um ilusório soberano para reinar na glória e julgar o mundo antes de sua destruição, é um ponto de controvérsia, pois quem pode penetrar nos mistérios da mente humana e esquadrinhar suas loucuras? Talvez tivessem uma vaga crença, ou estavam impressionados com Antônio Conselheiro, todos eles acostumados desde a infância às formas exteriores da religião católica. O mais provável é que, mais que raciocinar, sentissem que a vida selvagem do sertão terminaria se o governo o conquistasse e que estariam sujeitos à lei. Em todo caso, prestavam obediência incondicional a seu líder e faziam o máximo que podiam para preparar a luta contra a morte que os esperava.

Do outro lado, o final da linha férrea de Queimadas retumbava com o estrépito dos preparativos. Formou-se um grande campo de instrução e, sobre a área de revista, os soldados treinavam incessantemente, praticando as evoluções que pareciam mais indicadas para uma campanha no sertão. Advertido pela experiência, o general contava com um regimento de exploradores vestidos com a roupa de couro dos jagunços, que lhes fazia possível manobrar na mata. O corpo das tropas, desgraçadamente para elas, conservava os chamativos uniformes que as faziam alvo fácil dos atiradores a postos que estorvaram sua marcha. Levaram dois meses os preparativos, dando aos soldados tempo de sentir-se descontentes com o monótono lugar circundante e, em alguma medida, contagiados por seus habitantes de um vago terror ao inimigo. Os soldados rasos eram todos homens saídos das províncias do norte, acostumados desde sua mais tenra idade a ouvir notícias sobre milagres operados pelos mais diversos impostores ou ilusórios, que apareciam de tempos em tempos. O mais provável é que muitos deles não vissem nada de improvável na vinda de Dom Sebastião para reinar sobre a terra. Por raça e por hábito, e pelas amarras da superstição e da fé, não se encontravam muito distanciados dos jagunços a quem tinham sido chamados a combater. Seu descontentamento acentuou-se devido à escassez de comida, porque a intendência, organizada às pressas e mal-planejada, tinha demonstrado ser um fracasso. A farinha logo acabou e as tropas dependeram para seu alimento do gado magro trazido para elas de regiões sem pastagem, que chegava faminto e exausto pela viagem.

A situação em Queimadas era desastrosa. No exército da República, recém-saído de uma longa férrea luta revolucionária, reinava a confusão. Somente existia uma linha férrea até a costa. Por ela, foram afluindo lentamente à base as tropas, a munição e as provisões. Quando chegaram os regimentos, a maior parte estava muito abaixo de sua teórica capacidade e a metade deles era integrada por recrutas novatos. Do Rio de Janeiro, foram dadas ordens de partir imediatamente e assegurar o êxito dentro do possível; pois o governo tinha sofrido seriamente com os três golpes prévios. O general Artur Oscar adotou um plano de ataque quase exatamente igual ao adotado por Moreira César, salvo que suas forças eram de longe maiores e sua artilharia mais formidável ainda. Duas colunas, uma comandada pelo general Silva Barbosa e outra pelo general Savaget, deviam convergir sobre o povoado. Dadas as circunstâncias e a natureza da região, é difícil ver que outro plano poderia ter sido traçado. Para assegurar mais as coisas, o general Artur Oscar acrescentou uma terceira coluna, para atacar Canudos pela retaguarda. Apressado pelo governo e compelido a fazer uma grande demonstração de atividade, a princípios de abril, enviou o general Savaget com uma coluna pelo caminho de Juazeiro-Vila Nova. Ele, por sua parte, teve que demorar-se até o final de junho pela necessidade de treinar os recrutas novos, pela escassez de provisões e pela falta de munição para seus fuzis. Durante esse intervalo, o descontentamento entre as tropas diante da inatividade e da necessidade de comida tornou-se tão grande que, a fim de apaziguá-las, empreendeu-se um hipotético reconhecimento das defesas exteriores dos insurgentes, em pontos estratégicos. Esse expediente, tão bem conhecido pelos líderes em uma situação como esta, terminou quase em uma catástrofe devido à imprudência do coronel Thompson Flores, o coronel no comando.

Esse oficial, não acostumado à guerra de fronteira e zeloso da sorte, como ele a considerava, do general Savaget que, segundo ele imaginava, ia tomar Canudos em uma investida, determinou avançar e ganhar para si os lauréis. Somente um despacho urgente salvou-o de precipitar-se para a morte. Nada parece ter servido de lição bastante contundente como para tornar conscientes as tropas nacionais das grandes dificuldades de uma campanha no sertão. Todos pareciam pensar que, como diz uma familiar frase espanhola, "podiam chegar e beijar o santo",[48] talvez sem reparar que os caminhos gêmeos que conduzem ao céu e à glória são árduos para percorrer.

Até finais de junho de 1897, o general Artur Oscar deu o sinal de partida. As tropas, mal-treinadas e meio famintas, adentraram-se no ermo com metade da ração – preparação nada boa para uma campanha difícil. Levavam um enorme canhão de cerco, um Whitworth, que pesava cerca de duas mil libras.[49] Essa peça de artilharia colocou a expedição em grandes problemas, já que os animais de transporte eram escassos, as estradas inexistentes e, no mês de junho, se houvesse trilhas, estariam cobertas de um barro que chegava até os tornozelos. O general parece ter pensado que estava embarcando em uma guerra de estilo semi-europeu e, assim, irritou suas tropas com uma disciplina estrita como a de marchar em formação. O pesado canhão Withworth com uma bateria de peças móveis Krupp e meia dezena de atiradores rápidos dava um espetáculo impressionante. Um corpo de sapadores tinha que ir na frente preparando-lhes o caminho, nivelando a trilha em alguns lugares, construindo pontes nos riachos e, em suma, perdendo tempo. Dos três caminhos que conduzem a Canudos, dois deles, os de Cambaio e Maçacará, tinham se

---

48 "Llegar y besar al santo".
49 Euclides da Cunha, *Os Sertões*, p. 377.

tornado quase intransitáveis por causa das expedições fracassadas. Suas piores asperezas tinham sido aplainadas e seus pontos estratégicos eram conhecidos. O terceiro caminho, que ia por Calumbi, era o mais curto e o menos difícil. Os jagunços tinham fortificado esse caminho tão resistentemente que teria sido impossível forçá-lo. Por isso a expedição evitou-o, passando sob a ladeira do monte Aracati, para o leste, e seguindo mais ou menos o caminho da primeira expedição que tinha tentado a missão.

De todas as expedições, a quarta, sobrecarregada como estava com um trem militar lotado, era a que avançava com mais lentidão. Quatro ou cinco penosos dias de estrada levaram-nos à zona de perigo em Lagoa da Laje, onde pela primeira vez tiveram uma escaramuça com o inimigo. Até o dia 26, tinham avançado por seu penoso caminho somente oitenta quilômetros desde Monte Santo. De vez em quando, a fim de evitar lugares pantanosos onde o enorme canhão com certeza teria se afundado, tinham que abrir uma trilha de uma milha ou duas através da densa mata, um perfeito labirinto de espinhos.

O coronel Siqueira de Menezes, que acompanhou a expedição, em um artigo para o jornal *O País*, do Rio, conservou o nome de algumas das plantas mais espinhosas, como xiquexique, palmatório, rabo de raposa, mandacarus, croás, cabeça de frade e muitas outras, cuja designação é tão aterrorizante como os mais espinhosos dos espinhos.

Dali em diante, a expedição foi continuamente atacada. Emboscadas de dia, alarmes de noite, tentativas de pôr às carreiras os animais de carga, sucederam-se um após o outro, não dando descanso às tropas. Chegados à fatal posição de Angico, passaram pela profunda, pisada trilha, entre espessas moitas, onde as cabeças dos decapitados pelos jagunços, depois da fuga da terceira expedição, estavam todas cravadas sobre estacas. As tropas novatas acreditaram ter entrado no caminho do inferno, tão grande foi seu horror, enquanto o vento balançava em uma dança fantástica alguns dos corpos mumificados, presos às árvores.

Finalmente, chegaram ao corpo do general Tamarindo, ainda com luvas negras nas mãos, a cabeça decapitada pendendo sobre ele, presa a um galho, e um pouco mais adiante seu cavalo, ainda parado contra um barranco, com suas crinas ondeando na brisa. Enquanto passavam o desfiladeiro, escoltados pelos corpos secos de seus antigos camaradas, Pajeú atacou com um contingente numeroso mas escondido na mata. Uma chuva de balas caiu sobre as tropas que marchavam em formação cerrada e em um momento houve muitas baixas infligidas pelo invisível inimigo. Os canhões de tiro rápido permitiram-lhes revidar o ataque e, ao entardecer, chegaram ao monte Favela, que dominava o povoado.

A expedição acampou no vale junto ao monte. De sua escassa altura o general e seu estado-maior contemplaram o povoado maravilhados. Era este o lugar, um simples conjunto de cabanas de barro de aspecto tão frágil que parecia que um empurrão o derrubaria – que tinha feito fracassar três expedições bem-equipadas com armas modernas? Parecia impossível. Mas quando observou melhor, viu os canais que conectavam os vários rios que circundavam todo o povoado e logo se viu obrigado a confessar que a tarefa que havia empreendido podia ter um resultado formidável.

As tropas tinham acabado de acampar quando se produziu um ataque dos jagunços, que haviam rastejado como cobras entre os arbustos e o pasto sem o menor sinal de sua aproximação. Duas companhias, que haviam sido enviadas à frente, suportaram o mais duro do assalto e sofreram gravemente. Quando a lua surgiu, em torno de meia-noite, o ataque era geral. Durou uma ou duas horas e, quando apareceram os primeiros raios da alvorada, os jagunços retiraram-se silenciosamente, quase sem baixas de sua parte, depois de ter infligido sérias perdas às tropas, disparando sobre os soldados refugiados pela escuridão e ao esplendor dos canhões que faziam fogo fortemente.

Quando finalmente o dia clareou, o general enterrou seus mortos e colocou sua artilharia em posição, esperando dar por terminada a questão em um dia ou dois com a superioridade de suas armas e voltar vitorioso do campo em que todos seus predecessores haviam fracassado lamentavelmente. Assim, uma vez mais, perdido no coração do sertão, estava montado o cenário para a velha contenda entre as forças representantes da lei e da ordem e o mundo antigo, em que cada homem era sua própria lei – o mundo dos mitos e dos prodígios, dos profetas e dos milagres. O velho e o novo estavam frente a frente diante de Canudos: um, selvagem e brutal, mas não envergonhado minimamente; o outro, pintado com listras de descombinadas cores, onde o Progresso, a Humanidade e a Tolerância estavam escritos com grandes letras. De um lado, uma alcatéia de lobos e, de outro, um submarino carregado com torpedos e minas.

CAPÍTULO 16

Embora com a força que o governo havia reunido diante de Canudos não pudesse haver dúvidas sobre seu êxito final, a má sorte perseguiu todos seus esforços desde o princípio. O hábito fatal de tomar os jagunços como inimigos de pouco valor custou a vida de muitos de seus melhores oficiais e um alto número de vítimas entre seus homens. Na manhã do dia 28, a artilharia abriu fogo sobre Canudos quando começava a amanhecer. Era de se esperar que em poucas horas o miserável povoado fosse reduzido a cinzas sob o fogo dos modernos canhões.

Os acontecimentos provaram que os defensores do lugar tinham instintos militares naturais de ordem superior para a defesa. Nem bem os canhões começaram a disparar, abriu-se sobre a artilharia um sustentado fogo de fuzis, vindo de poços construídos para serem invisíveis, de trincheiras cavadas no povoado e das densas moitas que o imprudente líder das forças governamentais omitiu destruir. Em meia hora, elas haviam perdido mais de cem homens e muitos oficiais.

Para seu assombro, o fogo fez pouco estrago no povoado, além de abrir brechas entre as casas de barro, pois todos seus habitantes haviam se refugiado em lugares ocultos sob a terra. Os atiradores posicionados pelos jagunços, dirigidos por Pajeú, revelaram uma coragem e um sangue frio diante do fogo totalmente inesperado para seus inimigos. A salvo em seus esconderijos, agüentavam ocultos sob uma chuva de projéteis, respondendo instantaneamente com fogo bem-orientado quando a tormenta acalmava. O general Artur Oscar, louco de fúria ao perder tantos de seus melhores homens, ordenou um assalto geral. Suas tropas correram monte abaixo, entrando no povoado depois de ter atravessado o pequeno rio que tinha sido tão desastroso para a terceira expedição, e logo foram engolidos pelo labirinto de ruelas. Um furacão de fogo desatou sobre eles vindo de todos os lados; das casas, das trincheiras, poços e da igreja, foram expostos a um verdadeiro massacre. Depois de penetrar na praça, destruindo rua após rua de cabanas enquanto avançavam, para prevenir-se de um ataque pela retaguarda, viram-se obrigados a executar o que o general descreveu em seu despacho como "um movimento estratégico bem-executado que pôs nossas forças uma vez mais sob a proteção dos canhões".

Na realidade, tinha sofrido um revés e perdido, desde o amanhecer, mais de trezentos homens. A situação não era prazerosa. Seus homens estavam com metade da ração e o comboio de mulas com provisões tinha sido atacado no caminho pelos jagunços que, não obstante forçados a retroceder, tinham ferido muitos dos animais de carga e causado uma longa demora.

Água havia em abundância no rio que corria ao pé do lugar em que o general estava acampado. A passagem de um lado a outro havia-lhe feito possível a artilharia.

Nessa situação, a primeira necessidade do general era reforçar as tropas. Esperava com a maior ansiedade a chegada do general Savaget, que havia despachado com uma coluna de dois mil homens e vários canhões Krupp para convergir sobre a posição e tomá-la pela retaguarda.

Ele também havia sido atacado no caminho, porque os jagunços haviam desenvolvido uma ação muito mais vasta nessa ocasião que nas anteriores. Com uma média de duas léguas[50] por dia, a coluna sob o comando do general Savaget tinha se movido com dificuldade pela areia, sua marcha pautada pela necessidade de encontrar água e pasto para os animais. Costeou a margem do rio Vaza-Barris de forma a ter um flanco protegido.

Passou sucessivamente pelas miseráveis aldeias ou fazendas meio em ruínas de Passagem, Canabrava, Brejinho, Mauari, Canché e Serra Vermelha, acampando a 25 de junho em um lugar chamado Cocorobó, onde esperavam que os atacariam. Pela primeira vez um general brasileiro não caiu na armadilha preparada pelos jagunços com os olhos fechados e excesso de confiança.

Nesse lugar, o único caminho corria através de um desfiladeiro profundo. Um destacamento de cavalaria enviado para fazer reconhecimento encontrou a posição entrincheirada e muito defendida. O general Savaget não tinha mais remédio que avançar e render as defesas com as baionetas. Avançando através de um fogo que a dizimava, a infantaria brasileira desdobrou as admiráveis qualidades que sempre mostrou quando contou com bons oficiais e condução. Nesse momento crítico sustentou sua reputação ao máximo.

Atacados por todos os lados, em uma situação em que era impossível usar com vantagem suas armas superiores, com seus oficiais caindo como milho diante da foice, sob o fogo de um inimigo oculto e alerta, avançaram com firmeza. As rochas ricocheteavam nas paredes dos desfiladeiros como galgos, abrindo grandes brechas nas fileiras. Os oficiais caíam rapidamente sob o fogo dos atiradores ocultos. De vez em quando, apareciam figuras nos altos penhascos, disparavam e com um grito afundavam de novo, resguardando-se em uma rocha. Nunca antes os jagunços tinham defendido uma posição com tanta tenacidade. Era como se pela primeira vez realmente compreendessem que sua região era uma fortaleza natural, com pontos vantajosos dispostos pela providência.

50 A légua brasileira é cerca de três milhas inglesas, para mais do que para menos.

Mataram o cavalo do general e, uma vez que esse tinha se desprendido do animal caído, avançou a pé, seguido pela fustigada infantaria, até que ao final, com graves perdas, emergiu na planície. Daí em diante seu avanço foi uma luta constante. De cada rocha e árvore, ou das moitas e arbustos, atiradores invisíveis estorvavam sua marcha, cobrando um alto número de vítimas.

Bandos de cavaleiros rápidos, vestidos com couro que se confundia tão bem com a paisagem como para torná-los quase invisíveis a pouca distância, prendiam os atrasados, enlaçavam-nos e os arrastavam atrás de seus cavalos até matá-los, perante a vista das furiosas mas impotentes tropas que marchavam. A cavalaria do governo, pesadamente equipada, nunca chegava a travar combate com os cavaleiros jagunços, que fugiam penetrando na mata, pendendo ao lado de seus cavalos e disparando por debaixo de seus pescoços, à maneira dos árabes e dos índios das planícies. Pouco a pouco o inimigo foi ficando para trás, disputando cada posição vantajosa e, quando finalmente a coluna chegou à Favela, suas perdas nas três léguas que haviam percorrido somavam trezentos homens.

Uma vez em Favela, o general Savaget enviou um mensageiro para anunciar sua chegada a salvo ao comando em chefe, que se encontrava somente à distância de uma milha. O mensageiro voltou com ordens urgentes para avançar. Quando os fatigados soldados chegaram aos arredores do acampamento principal, na ladeira mais distante do monte Favela, exatamente sobre o povoado, encontraram-no completamente cercado pelos jagunços. Assim pois a primeira tarefa que esperava o general Savaget era socorrer seu próprio comandante e as forças que estavam bloqueadas no monte.

Sua maior necessidade era de provisões, porque os jagunços retinham o comboio de mulas que havia ficado sem adequada proteção durante o caminho. No dia seguinte, com vigoroso movimento das duas colunas, o general Savaget conseguiu liberar o acampamento da desastrosa posição em que se encontrava e forçar o inimigo, com graves perdas, a retroceder no povoado.

A situação era bastante irônica. A força de longe maior e melhor provida que o governo havia enviado contra Canudos, devido a sua fatal presunção, encontrava-se virtualmente sitiada, no que devia ter sido uma sólida posição, pelo mesmo povo que tinham saído para submeter.

Novecentas baixas dão testemunho da resistência dos jagunços ao avanço das colunas. As armas superiores que haviam recolhido das expedições prévias colocavam-nos em uma situação de igualdade com as forças do governo como não haviam tido antes. Seu conhecimento da região e a certeza de que todos lutavam com a corda no pescoço convertiam-nos em formidáveis antagonistas. Em Pajeú, ex-malfeitor e assassino, haviam encontrado um líder guerreiro de categoria pouco comum. Parecia ter compreendido perfeitamente a força e a debilidade dos homens que conduzia ao assalto, e se cuidava muito bem para não repetir seu erro anterior de lançá-los em campo aberto sobre as bem-armadas tropas; em troca, recorreu às táticas de guerrilha próprias de todo homem de fronteira em qualquer país do mundo.

Passavam-se os dias durante os quais os soldados, com metade da ração, com pouca água e confinados a um estreito espaço, começaram a queixar-se de sua sorte. O famoso canhão Withworth, que tinha custado tão intensos esforços trazer da base, não tinha a mira corretamente orientada e não podia baixar-se suficientemente para atingir o povoado. Assim é que se converteu em um "monstruoso fetiche",[51] mas um fetiche sem valor moral, quando os jagunços descobriram sua inutilidade. As provisões cada dia eram mais escassas e o principal comboio de mulas, que havia saído de Queimadas um mês atrás, continuava detido no caminho. O bombardeio do povoado não deu os resultados previstos e até 2 de julho a situação da expedição era quase desesperadora.

Sua sorte dependia das provisões e as provisões ainda estavam detidas pelo caminho. Homens não faltavam, nem munições, mas não tinham nem um saco de farinha, nem sal nem feijão, e o feijão é o

51 Euclides da Cunha, *Os Sertões*, p. 430.

elemento principal das tropas brasileiras. Por sorte para eles, tinham aberto o campo a suas costas e, para maior sorte, ia com a cavalaria um esquadrão inteiro integrado por gaúchos do sul. Esses homens, centauros diante de Deus, adestrados no laço e nas boleadeiras desde sua juventude, foram inestimáveis. Tal como fez Garibaldi diante de Roma em uma situação similar à do general brasileiro diante de Canudos, ele enviou os gaúchos para percorrer a região e trazer todo o gado que pudessem encontrar. Nada escapou a sua vigilância e em um ou dois dias açodaram o gado magro até as tropas. Foi um momento de regozijo quando os gaúchos, lançando ao ar seu longo laço de couro, como víbora, plantaram-no certeiramente nos cornos de uma descarnada vaca ou boi e o derrubaram. Em um instante, como um bando de abutres, os soldados se juntaram em torno do animal caído, mataram-no com suas baionetas e rapidamente puseram a carne para assar ao fogo. A comida devolveu o ânimo a seus corações.

No máximo, este era um expediente temporário, já que tudo o que os gaúchos podiam assegurar eram dez ou doze animais magros por dia e isso era pouco distribuído entre seis mil homens clamando por comida. O fornecimento de gado logo se esgotou e não restou outro recurso senão caçar cabras selvagens nos montes e cavar a terra em busca das "batatas do vaqueiro",[52] uma raiz que milhares de vezes no sertão salvou a vida em secas e fomes extremas.

As deserções logo se fizeram freqüentes, mas cessaram quando se soube que os que escapavam à morte de sede e fome no caminho costumavam cair nas mãos dos jagunços que os matavam imediatamente. Não chegaram notícias do comboio de provisões até meados de julho e o comandante da expedição viu-se obrigado ou bem a retirar-se e enfrentar os perigos da marcha e a desonra que seguramente o aguardaria em seu próprio âmbito, ou bem a estabelecer comunicação com o comboio de mulas, que sabia que a essa altura não deveria andar muito longe. Como último recurso, reuniu todos da cavalaria que tivessem

52 Veja a "Introdução".

animais não muito exaustos para a marcha e os enviou para servir de escolta para o comboio que avançava e que ele esperava com o mesmo sentimento com que um náufrago está atento para avistar uma vela.

A 11 de julho, quando as esperanças estavam quase esgotadas em seus corações e o perseguido general estava à beira de ordenar uma retirada, ao primeiro raio do dia, um sertanejo amigo entrou cavalgando no acampamento. Atrás dele vinham três soldados em cavalos estropeados e exaustos. O camponês era portador de uma mensagem enviada pelo oficial no comando da escolta que acompanhava o comboio. Havia chegado a uma distância de uma jornada de viagem do acampamento, mas temia cruzar a zona perigosa com a reduzida força que comandava.

O sertanejo olhou com assombro os homens famintos, enquanto permanecia sentado em seu cavalo como uma estátua eqüestre, pois segundo o costume de seus paisanos, não se apearia sem um especial convite, já que fazê-lo teria significado uma infração à cortesia. Lentamente dirigiu-se até onde o general e seus oficiais estavam esperando-o, fazendo seu cavalo empinar e andar de costas. Tirando o chapéu, retirou dele a carta e, depois de entregá-la ao general, perante um sinal de boas-vindas, desmontou de um só movimento e, tirando as rédeas do cavalo, sentou-se silenciosamente a fumar com os olhos fixos no vazio, mas observando tudo.

A alegria correu pelo acampamento e quando finalmente, ao entardecer do dia seguinte, um longo comboio de mulas carregadas com pão e farinha, rum, açúcar, café e charque entrou lentamente no acampamento estragado pela fome, os soldados recuperaram o ânimo e pediram para ser conduzidos ao ataque.

No dia seguinte, descansaram e repuseram as forças. O general teve um conselho com seus oficiais. A noite caiu sobre o acampamento em meio a um estouro de preparativos, canções, relinchos e toda a animação que se apodera, em uma situação como essa, dos homens que sabem que pode ser a última ocasião em que vão rir e cantar.

Depois, no silêncio estrelado da noite tropical, a Ave Maria ascendeu a partir do povoado e a longa melopéia das litanias.

CAPÍTULO 17

Era na verdade hora de que o problema se resolvesse de uma ou outra forma. A sacudida que produziu o revés do governo tinha sido sentida até nos mais remotos cantos do Brasil. Canudos tinha se tornado uma palavra de uso doméstico. No Amazonas, ao norte; nos sombrios claros do Mato Grosso; nas fronteiras da Guiana, a aldeia do sertão da Bahia era por todos conhecida.

No Rio Grande do Sul, os céticos e inescrupulosos gaúchos falavam dela em ferras e feiras, rindo e zombando dos dois bandos como de costume. O governo – diziam – era fraco, porém não davam muito crédito a Antônio Conselheiro. Segundo a inclinação materialista da maioria dos habitantes das planícies, onde os cavalos são abundantes, um pedaço de carne de rês, um mate, um lindo dia, uma garota formosa ou um bom cavalo absorviam suas mentes mais que a possível destruição do mundo anunciada pelo profeta do sertão. O clero do lugar tinha que controlá-los com mão suave ou teriam se revolta do contra seu controle. Da mesma forma, os beduínos da Arábia, que vivem em condições tão similares às dos *gauchos* das planícies da América do Sul, sempre foram refratários aos ensinamentos religiosos, vendo no Islã não mais que um conselho de perfeição e vivendo, ainda hoje, em grande medida, como viveram seus antepassados nos dias em que foram escritos os sete poemas dos Moalakat e foram exibidos para admiração de todos os homens.

As montanhas, com suas brumas e seu tempo sempre mutante, seus riachos, lagos e cataratas onde se refletem arco-íris, suas grandes árvores e uma vida circunscrita dentro de limites mais ou menos estreitos por vales e montes, conduzem os homens à introspecção e ao sentimento de sua própria impotência diante da força superior da Natureza. Nas amplas planícies, o homem é sua própria estrela e o cavalo o situa em um nível de maior igualdade com as forças naturais; sem preocupar-se por escalar um céu que não é iminente, contenta-se com viver sua vida, senhor da terra, e em maior medida que em outros lugares, constrói seu próprio destino.

O perigoso sentimento, metade assombro e metade ridículo, provocado pelas derrotas que havia sofrido o governo, e a longa demora a que se viu submetida sua quarta expedição, relativamente grande, provocaram sua inquietação e o levaram a enviar ordens a seu comandante de não postergar o ataque.

No outro bando, e embora deva ter sabido que seu fim era certo, Antônio Conselheiro não deu sinais de fraqueza mas se dispôs com resolução a enfrentar o assalto do governo. Seus êxitos passados haviam aumentado tanto sua fama que, da selva eterna e dos pântanos de Mato Grosso, do denso emaranhado desses bosques, onde árvores gigantes crescem a mais de duzentos pés de altura e onde a forma de penetrar a densidade é atravessar os riachos, de cada pequena clareira, uma vez mais afluíam recrutas para o sertão. Chegavam em burros e mulas, em bois e a pé, seguindo os caminhos da selva. Caminhavam durante semanas sob uma enredada vegetação, tão densa que os raios do sol não penetravam nunca até o chão. Beija-flores voando de um lado para outro entre as escassas clareiras, como lascas de topázio ou ametistas. Os peregrinos nunca lhes prestavam atenção, nem voltavam a cabeça quando, de tanto em tanto, ao passar por pequenas planícies, bandos de araras – verdes, vermelhas e amarelas – alçavam vôo muito alto, como falcões, lançando seu áspero grasnido.

Grandes manadas de macacos saltitavam nos bosques, realizando sua aérea ginástica, como para diversão dos viajantes, balançando-se de árvore em árvore. À noite elevavam seu coro melancólico, um lamento que soava como uma sirene de barco, nebulosamente audível através do véu da névoa costeira. Os homens e mulheres a caminho não reagiam a sua salmodia noturna mais que a suas destrezas nas árvores. Com suas mentes fixas em sua Sion, Canudos, a cidade mística onde morava seu profeta, pelo qual tinham vendido todas suas pobres posses e tinham partido para vê-lo e tocar suas vestes, essas pessoas enganadas, mas talvez felizes e contentes, iluminadas, suportavam todas as misérias do caminho. Passavam por tanques cobertos pelas folhas gigantescas da "vitória-régia"; em suas margens, havia garças brancas como a neve, imóveis, com algo sagrado em seu aspecto, enquanto permaneciam atentas aos peixes que havia sob as águas fumegantes do lago. De vez em quando saltavam, cruzando o caminho, gatos monteses e onças, com sua pele esverdeada que combinava exatamente com as plantas e a vegetação predominante, de maneira que imediatamente começavam a formar parte dela e desapareciam. Das altas copas das árvores, entre as flores das lianas, púrpuras, vermelhas e multicores, chegava o grito melancólico das preguiças. Viam passar tapires e gambás e, nos riachos que cruzavam, nadavam capivaras[53] com a cabeça boiando, parecidas com pequenos hipopótamos. Rodavam até a água indolentemente enormes troncos que se revelavam jacarés. Dos recônditos esconderijos da selva, vinham as sonoras notas do pássaro-sino, que faz as pessoas pensarem que em algum lugar do bosque deve haver uma capela deixada pelos jesuítas, ou seu espectro, assistida por algum padre fantasmal. Todas as brilhantes maravilhas e a escura melancolia das regiões pantanosas do trópico se desdobravam diante dos olhos destes modernos israelitas, ao longo de sua forçosa marcha até sua pedregosa e abrasada Canaã, sem outra sustentação que o ardente pilar que cada um levava em seu coração.

Quando chegavam à cidade, construída com juncos e coberta com palmas, detinham-se e irrompiam em salmodias. Tudo o que tinham suportado não contava nada pois agora, com a vista plena de Sion, não podiam errar a vereda da salvação.

Os rudes paulistas das fazendas próximas a Sorocaba, os mineiros de Goiás, os coletores de borracha da selva amazônica enviavam seus contingentes; e de todas as partes do poderoso império chegavam tantos peregrinos que eles se viam obrigados a acampar e construir grandes aglomerações de cabanas.

"Aquele que vê Roma perde a fé",[54] rezava o adágio de velhos tempos, quando os descendentes espirituais dos pescadores da Gali-

53 A capivara dos naturalistas. O maior membro conhecido da família dos roedores.
54 *Roma veduta, fede perduta.*

léia dominavam o mundo. Se Canudos, mal-construída e suja, pobre e desgraçada, com sua vida sectária de liberdade sexual e eterna salmodia, produzia um efeito semelhante nos peregrinos ninguém sabe. Depois da catástrofe, a maioria deles desapareceu de novo pelos caminhos da mata de onde haviam emergido. E pouco a pouco regressaram a seus lares, deixando tão pouco rastro de sua passagem como deixa o vôo de um peixe voador depois de sua breve excursão aérea.

Dentro do povoado, a vida espiritual foi cada vez mais estimulada e se fez ainda mais intensa. O profeta passava o dia em preparativos para a defesa; a noite, em oração e pregações, e todos os sectários sob seu ministério se preparavam para morrer. Como acontece com freqüência em circunstâncias como essa, ou em tempos de peste ou cerco, todo o povo se abandona a excessos sexuais, que têm comparação apenas com seus protótipos de Frígia e Silícia, quando as seitas ortodoxa e gnóstica disputavam seu magistério. "O povo de Deus sempre foi gente desencaminhada", reza o velho ditado escocês, e ele mostrou ser verdade no sertão. Isso não impediu os jagunços de traçar planos para sua defesa com raciocínio e habilidade. Assim fortificados, tanto por suas trincheiras como por sua fé, estavam encurralados, esperando o último movimento do governo.

Não tiveram que esperar muito pois, a 18 de julho, depois que suas tropas tinham descansado e recebido reforços, o general Artur Oscar deu o sinal de ataque. Durante um dia ou dois antes, a artilharia havia descarregado uma chuva de projéteis sobre o povoado, mas seu efeito foi insignificante. Seja porque os artilheiros não estavam treinados para sua tarefa, ou porque a consistência frágil das casas deixava passar direto os projéteis sem explodir, como se elas fossem de papel, ou por alguma outra causa, falharam os resultados do bombardeio. Não restava mais que um assalto em grande número e ele foi marcado para 18 de julho. Como de costume, a moral das tropas elevou-se. Todos estavam extremamente ansiosos por ser conduzidos ao ataque e mais uma vez caíram na armadilha da autoconfiança excessiva. Parecia impossível que seis mil homens com ampla provisão de munições e artilharia não pudessem apropriar-se imediatamente de um povoado de casinhas defendido por homens carentes de disciplina. Os soldados civilizados e disciplinados encontram-se sempre na mais frágil e pior situação em regiões selvagens. Nada lhes é familiar. Não vêem casas, igrejas, vacas, ovelhas e cavalos pastando. Não há cercados, acéquias, terraplenos ferroviários ou qualquer outro dos traços familiares da paisagem européia. As distâncias são sempre maiores que aquelas a que estão acostumados em seu próprio âmbito. A atmosfera é enganosa; os corvos parecem bois e os bois, corvos no ar claro. Uma cadeia de montanhas que parece estar a umas poucas milhas, na verdade está à distância de um longa jornada de viagem. Insensivelmente a confiança do campo de treinamento vai se minando, pois o inimigo, que lhes haviam ensinado a supor em condições não diferentes das suas, nunca se faz visível e, nas raras ocasiões em que se mostra, parece um fantasma da noite. Então, quando começam a pensar que o inimigo é desprezível e que sua tarefa se limitará a um passeio militar – um sentimento que invariavelmente se apodera dos homens disciplinados e bem-armados em tais paragens –, sem a menor advertência, surgindo do nada, por assim dizer, de umas matas, de trás de uma linha de rochas ou dos juncos de uma margem, aparece o buscado inimigo e em um instante inflige uma considerável perda. A fúria se impõe em todos os corações ao ver que os homens que haviam desprezado se mostram tão formidáveis e essa fúria torna-se impotência quando as tropas, carregadas como estão com todos os trastes de um regimento europeu, percebem que qualquer perseguição é vã.

Esse tipo de guerra põe à prova ao máximo a melhor das tropas, como comprovamos na África do Sul e como os franceses comprovaram no Sudão. No sertão, isso se intensificou porque os homens que o exército enfrentava eram seus próprios compatriotas. Os soldados passaram a noite celebrando a esperada vitória. Atacaram ao amanhecer, avançando com ímpeto, respaldados pelo fogo de sua artilharia e entrando no povoado. Como em anteriores instâncias, os jagunços não dispararam um tiro até que os soldados estivessem bem-metidos nas ruas e a artilharia viu-se obrigada a suspender o fogo por temor de matar seus próprios soldados junto com o inimigo. Quando as longas colunas das tropas haviam entrado nas tortuosas linhas das cabanas, explodiu sobre elas o fogo dos jagunços. Desta vez os sectários estavam melhor armados – com os rifles e munições que haviam tomado das expedições anteriores – e as tropas, amontoadas entre as ruelas, logo sofreram terrivelmente. Os homens caíam por todos os lados, mas o ataque foi bem-sustentado e não perdeu sua energia até que se ocupou uma pequena elevação que dava vista para o interior do povoado. Se tivesse havido forças em número suficiente para avançar, com boa oficialidade e condução, a sorte de Canudos em breve lapso teria estado selada; mas quase todos os oficiais tinham caído e a coluna atacante ficou completamente isolada. O general apressou-se em mandar reforços e a posição foi assegurada; mas as tropas, que haviam lutado bravamente ao longo de todo o dia, estavam completamente esgotadas.

Acampados na elevação que haviam conquistado, mas incapacitados para seguir adiante, o novo acampamento encontrou-se isolado, já que o avanço tinha se tornado impossível e as comunicações com a base perigosas e difíceis. Passaram a noite sem ser incomodados e a empregaram em cavar trincheiras e em fortalecer o monte. Quando o dia raiou, estavam rodeados pelo inimigo e das cabanas saía um enxame de mulheres e meninas, todas armadas com machados e facas, que assassinavam os feridos que jaziam desvalidos no chão. Por três vezes o general em chefe enviou-lhes reforços, somente para vê-los derrotados novamente. Então, descendo do cavalo, encabeçou em pessoa a quarta carga, avançando valentemente entre uma tormenta de balas até que alcançou o monte. Depois de um conselho, determinou afirmar-se a todo custo e tomar o povoado, rua após rua ou casa por casa se fosse necessário.

Os sonhos de um triunfo rápido tinham se desvanecido e todos os oficiais perceberam que faria falta um cerco de vários meses para terminar com isso. Um milhar de baixas na última operação tinha reduzido consideravelmente suas forças e o general, muito a seu pesar, viu-se obrigado a pedir reforços uma vez mais para suas reduzidas fileiras.

Passaram uns poucos dias tranqüilos, pois em ambos lados as baixas haviam sido enormes; dessa forma, naquele momento, os dias se foram em escaramuças, nas quais as tropas tiveram graves perdas por sua posição exposta; e o inimigo, se perdeu muitos homens, esteve sempre em condições de esconder suas perdas e retirar seus mortos.

O barulho dos disparos continuava sem cessar todo o dia e então, à noite, quando as tropas estavam sentadas ao redor do fogo, o som das litanias chegava em ondas do povoado, como se os habitantes considerassem a luta um mero incidente e, quando a escuridão caía sobre seu povoado, voltassem à realidade.

CAPÍTULO 18

Enquanto o general Artur Oscar esperava reforços, depois de ter mandado de volta seus feridos ao final da linha férrea – uma viagem que tiveram que fazer a pé, em mulas, em carros com bois, quase sem provisões e expostos ao sol e à chuva –, os partidários de Antônio Conselheiro tornavam-se cada dia mais atrevidos. Não contentes em bloquear a seção avançada de seus invasores muito próxima de seu acampamento, depredaram a região em um raio de milhas em todas as direções. Tomaram o povoado de Vila de Santana e o saquearam completamente e arrasaram todo o distrito de Mirandela, queimando as casas e levando o gado de todas as fazendas. Com seu olho instintivo para as posições estratégicas, fortificaram um posto sobre os montes, perto de Várzea da Ema, e outro em Caipã. Como esses pontos dominavam o caminho principal desde Monte Santo, todos os comboios de munições e provisões que vinham para o acampamento eram constantemente atacados. Nada podia passar pelo caminho sem uma escolta, e ainda assim o comboio de mulas e a escolta eram freqüentemente detidos e obrigados a esperar reforços no caminho.

Sob o impulso do fanatismo, com um desprezo pela morte igual ao mostrado pelas tribos do Sudão, o filho do velho Macambira, com dez ou doze companheiros, planejou levar o canhão grande, o qual, agora que tinha sido posto em bom funcionamento, faria uma grande matança no povoado. Arrastando-se como víboras entre as matas e usando todos os artifícios da guerra de fronteira para ocultar seu avanço, deslizaram-se dentro do acampamento. Os homens estavam dormindo e os sentinelas não os perceberam até que chegaram silenciosamente, como fantasmas, ao lado do canhão. Se o heroísmo é o desprezo à morte, os doze devotos que seguiram Macambira foram verdadeiros heróis, porque em tal empresa a morte era certa.

Nem bem o canhão tinha começado a mover-se pela união de seus esforços, foi dado o alarme. Sozinhos entre seis mil homens, todos caíram mortos ao redor de sua presa, exceto um que, sob uma chuva de balas, brandindo sua faca enquanto corria, saltando de um lado a outro, conseguiu chegar até uns arbustos, detrás dos quais desapareceu, tal como o peixe se perde de vista depois de saltar e cair de novo na corrente.

Convergiam sobre Canudos tropas de todos os pontos da República do Brasil. A situação pareceu tão séria aos ministros que enviaram seu Secretário de Estado para a Guerra, o marechal Bittencourt, para assumir o comando em chefe. Esse oficial tinha sido forjado em um modelo diferente do de seus predecessores. Frio, calculista e sempre irredutível quanto ao objetivo que tinha em vista, direcionou seu esforço em primeiro lugar para armar uma força esmagadora.

Em pouco tempo, reuniram-se cerca de dez mil homens, com um parque completo de artilharia, e convergiram ao lugar. Não se contava entre os propósitos do marechal Bittencourt o de deixar coisa alguma ao acaso e não o afligia o excesso de confiança em que haviam incorrido os outros generais. A meados de setembro, tudo estava pronto no final da linha férrea para um avanço com todas as forças.

A curta estação de verão tinha passado e o sertão já ia adquirindo um aspecto de seca e aridez, com escassez de pastos, longos dias de calor e noites de geada – uma estação muito desfavorável para as tropas, mas extremamente vantajosa para os jagunços, para quem o tempo, o calor, a sede e a fome eram indiferentes.

Por outro lado, a situação no acampamento do general Artur Oscar era a mais precária. A inatividade, com a escassez de comida, tinha dado lugar a freqüentes deserções, e os desertores, que não se atreviam a enfrentar os perigos do caminho, ficaram formando bandos que vagavam pela mata e apareciam, quando eram suficientemente fortes, para atacar os comboios de provisões.

Os jagunços, que pareciam contar com amplas reservas de munição, atacavam constantemente o acampamento e eliminavam os soldados que encontravam dispersos, e dia após dia, por causa da fome, dos enfrentamentos e das doenças, as forças do general minguavam, até que a única coisa que pôde fazer foi permanecer na defensiva no acampamento – a tal condição os jagunços, ajudados pelo clima e pela falta de caminhos, e respaldados por modernos canhões, tinham reduzido uma força de seis mil soldados, armados e disciplinados. O monstruoso e incompleto templo, que o fogo da artilharia não tinha conseguido abater, dominava ainda o acampamento da força sitiadora. Os jagunços tinham erguido atalaias sobre ele, a partir das quais espiavam todos os movimentos do acampamento e, em seus pontos mais altos, escondiam-se atiradores posicionados que o fogo da artilharia não tinha conseguido desalojar.

Dentro do povoado, o entusiasmo aumentava. Os ignorantes jagunços não tinham idéia da força das partes contendentes e, mesmo se tinham, esperavam que um milagre de seu bom Conselheiro redimisse seu povoado. Que pensavam homens tais como Pajeú, Macambira, João Abade e o resto dos líderes guerrilheiros, ninguém pode dizê-lo, mas pode ser que a sabedoria mundana que tinham fora absorvida na onda geral de superstição que predominava no povoado. Nenhum deles vacilou nem tentou escapar ao que todos eles devem ter sabido que era sua iminente ruína, mas lutaram lealmente dando sua vida de tão bom grado como os mais rudes e incultos.

Não eram feitos prisioneiros, porque os jagunços não tinham clemência, e em seu próprio terreno levavam todos seus feridos, de modo que nenhum dos dois bandos tinha o menor conhecimento do que pensava seu oponente. A situação tinha se tornado tão séria que, a fins de setembro, se não tivesse estado já a caminho o marechal Bittencourt, a quarta expedição teria se visto forçada a retroceder em desordem a Monte Santo, à maneira de suas predecessoras. O general Barbosa, segundo comandante, tinha sido gravemente ferido no meio do acampamento e cada regimento tinha reduzido em um terço sua força por deserção, doença e perdas nos combates. A força do ma-rechal estava agora a caminho, avançando decididamente, como se estivesse em um país estrangeiro e não no Brasil, com exploradores enviados para todos os lados, batendo todas as matas com a artilharia.

Quando chegaram, encontraram as tropas do general Artur Oscar quase no último suspiro por falta de comida e de todo o necessário. Em um dia ou dois tudo foi posto em ordem e, com dez mil homens, provisões, canhões, munição e reforços que chegavam de todos os lados, o destino fatal da Sion dos jagunços estava traçado, embora ainda resistisse. À medida que passavam os dias, pouco a pouco as tropas avançavam, destruindo inexoravelmente todas as casas a sua passagem, para não deixar defesas na retaguarda. Pela primeira vez foram tomados alguns prisioneiros; mas eram mulheres, crianças e homens velhos incapacitados para a luta, que haviam deixado o povoado impulsionados pela necessidade de comida. Quando passavam enfileirados diante dos soldados, um estremecimento de piedade percorreu as fileiras, porque os prisioneiros pareciam um bando de esqueletos vivos. Ao longo dos últimos três meses de luta, tinham padecido fome extrema e, agora, mal podiam andar arrastando-se. Mulheres que tinham sido ferozes viragos cambaleavam, apoiando-se em varas, e infelizes mães apertavam seus famélicos filhos contra seus peitos secos, enquanto cruzavam o acampamento como um rebanho de fantasmas. Três ou quatro meninos de dez ou doze anos, feridos e negros de pólvora – porque haviam lutado junto com seus pais – colocaram-se em formação e tentaram exibir-se quando viram que os soldados os observavam. A espectral procissão era um indício do que estava acontecendo no povoado.

Mesmo assim, ele não dava sinal de debilidade e, a cada anoitecer, o som das litanias e hinos chegava até o acampamento, onde os soldados, pela primeira vez bem- alimentados e cuidados, ao redor do fogo, escutavam com assombro a salmodia que se elevava do sentenciado povoado.

Setembro começou desastrosamente para os sitiados. A princípio do mês, Pajeú caiu atravessado por um disparo casual. Sua morte privou os sectários de seu mais enérgico líder e o comando foi transferido a Macambira e João Abade, que levaram adiante a luta empenhando toda sua capacidade, mas com menor gênio para a guerrilha que o que havia mostrado Pajeú. No mesmo mês, foram derrubadas as duas torres semiterminadas da enorme igreja, privando os sitiados de seus melhores postos de observação, pois estas se elevavam acima do acampamento.

Antônio Conselheiro, que ao longo de semanas rara vez tinha deixado as torres, descendo somente para dar ânimo a seus seguidores, esteve a ponto de ser esmagado por sua queda, porém uma vez mais escapou. A salvação foi atribuída a um milagre e seus valentes e extraviados seguidores determinaram continuar resistindo. Dentro do povoado, a batalha era contínua, pois as trincheiras estendiam-se por debaixo das casas, como tocas de coelhos e, quando um grupo de cabanas era destruído, as tropas, que se pensavam seguras, encontravam-se expostas a um fogo cerrado proveniente de homens bem-escondidos sob a terra e a salvo de ataques.

De nenhum lado se dava quartel e as tropas degolavam instantaneamente os prisioneiros ou lhes arrancavam o ventre, sabendo que algo que os jagunços temiam era a morte por arma branca, pensando que isso os privava da salvação – uma superstição até agora nunca explicada. Assim, quando os soldados tomavam um prisioneiro, geralmente perguntavam: “Como você quer morrer?”

Os jagunços sempre respondiam: "Com um tiro de fuzil". Então, com um riso selvagem, a resposta do soldado era: "Será com arma de aço", e lhe enterravam a faca na garganta, dobrando-lhe a cabeça para trás, como faz um açougueiro com um carneiro.

Cada rua e cada casa tinham que ser tomadas em separado, e as mulheres, crianças e velhos lutavam ao lado dos jagunços, dando sua vida de tão bom grado como o mais robusto dos jovens. Terríveis combates tinham lugar sob a terra, nos irregulares fossos e nas cabanas, nas quais os habitantes enganavam os soldados fingindo-se de mortos para depois atacá-los. Qualquer que fosse o bando que saísse vitorioso nesses encontros, a morte dos vencidos era certa, e o longo jacaré dos jagunços ou a baioneta das tropas era o único árbitro.

Nenhuma das intimações para render-se feitas pelo marechal receberam resposta. Os prisioneiros negavam-se a responder as perguntas sobre a situação do povoado, nem sequer para salvar a vida. Depois da negativa, matavam-nos inexoravelmente; mas tanto os jovens como os velhos renunciavam a sua vida, dizendo que desejavam seguir seu bom Conselheiro ao céu, o que tinham como certo.

Uma vez mais os sitiadores tentaram um assalto geral, furiosos por estar demorando tanto tempo em um lugar miserável como esse. O assalto fracassou completamente sob o terrível fogo que explodiu das cabanas, poços e igrejas e dos quatro canhões Krupp perdidos pela expedição anterior antes de sua derrota. Enfurecido, o general fez retroceder as tropas uma vez mais e, de novo, pôs-se a planejar como apertar o cerco e impedir que chegassem provisões ao povoado.

Uma saída segura restava ainda aos obstinados sectários. Tinham ainda abertas as estradas de Várzea da Ema e Uauá. Ainda lhes chegavam ocasionalmente provisões e um fornecimento de munições enviados por traficantes da costa através dos caminhos da mata. Por elas a população pode ter escapado terra adentro, pelo menos os líderes e os homens em condições físicas. Por trás delas estava a imunidade porque o governo não teria podido segui-los na espessura sem caminhos do Mato Grosso. Por trás delas estava o alívio da fome, a fuga do perigo, a possibilidade de fundar uma nova Sion livre de intromissões, onde teriam podido viver e esperar a vinda do Rei Dom Sebastião e seguir sua peculiar doutrina em paz. Tão duramente apressado estava o governo, mesmo com as forças mais numerosas sob o comando do marechal Bittencourt, que provavelmente teria estado disposto a algum tipo de conchavo com Antônio Conselheiro se ele tivesse feito algum sinal. Nem ele nem seus obstinados seguidores deram o sinal e, o que é mais notável, nenhum dos bandidos, ladrões e homens perdidos, que não era de supor que tivessem se unido a ele por motivos religiosos, pensou nunca em escapar. Chegavam provisões para algum tempo pelas duas estradas livres e uns poucos velhos e mulheres com seus filhos desapareciam por elas na mata.

A meados de setembro, o marechal Bittencourt avançou e ocupou ambas estradas. Depois mandou ver se Antônio Conselheiro estava disposto a render-se, sendo consciente de que lhe restava um duro trabalho pela frente se tivesse que submeter o lugar pela força. Não houve resposta a nenhuma de suas mensagens e a agonia da Sion dos jagunços entrou em sua última fase.

A luta recomeçou mais uma vez. As tropas avançavam sofrendo severas perdas, mas sempre ganhando terreno. Os homens lutavam até o último alento nas trincheiras, nas escuras ruelas e sinuosas passagens. Ninguém pedia clemência e, se caía algum prisioneiro de qualquer lado, descarnavam-no imediatamente como um animal. Os feridos eram assassinados assim que caíam, por mulheres famélicas que escapavam sob o fogo para cravar uma faca no coração das vítimas, contentes por ser baleadas, de forma que algumas exclamavam: "Despachei um cachorro na frente para que me preparasse o caminho". O mês corria lento e Canudos ainda lutava com a coragem do desespero.

Os habitantes, com verdadeiro estoicismo índio, famintos e desesperados, e com suas munições acabando, continuavam o desigual combate, lutando com tanto desespero como no primeiro dia em que foram atacados. Nada os obrigava, pois nem Antônio Conselheiro nem seus líderes contavam com corpos especiais de homens armados nos quais confiar essa tarefa e, dado o caráter dos brasileiros, provavelmente não teriam aplicado a força mesmo tendo o poder de fazê-lo.

A fome começou a fazer seu trabalho e, noite após noite, bandos miseráveis de mulheres, com as cabeças envoltas em seus mantos brancos, arrastavam-se até o acampamento dos sitiadores em busca de um pouco de comida. Não emitiam uma palavra nem uma súplica; mas sentando-se no chão, com suas cabeças cobertas, esperavam pacientemente qualquer destino que tivessem que suportar. Seu aspecto provocava um estremecimento de piedade nas tropas, que compartilhavam suas rações com elas e depois avançavam para o ataque.

Um por um foram desaparecendo todos os líderes, eliminados nas trincheiras, massacrados nas ruas ou mortos de fome e de sede. Último de todos, no dia 22, morreu Antônio Conselheiro.

Quando tinha visto desvanecer-se uma a uma todas suas esperanças – destruído o novo grande povoado que ia ser o centro do reinado de Dom Sebastião, os muros rentes ao chão, as torres derrubadas, a imagem sagrada do Bom Jesus voar em pedaços por um projétil, seu povo morrendo de fome e todas as esperanças traídas –, caiu em desespero. Encerrando-se no silêncio, recusava todo alimento e passava todo o dia em oração em um ângulo da igreja em ruínas, diante da imagem de um santo, e ocasionalmente saía para andar pelas ruas com passo lento e rígido, um esqueleto vivo envolto em uma mortalha de mutismo.

Um dia, depois de ter desaparecido por várias horas, Antônio Beatinho, seu inseparável amigo e devoto, encontrou-o no chão, de bruços, morto e já frio, apertando um crucifixo de prata contra seu peito, dentro da igreja em ruínas. Seu rosto estava calmo, seu corpo quase pele e ossos, consumido pelo jejum e a morte de suas ilusões, mas com sua alma invencível.

CAPÍTULO 19

A morte de Antônio Conselheiro teve o efeito de tornar seus seguidores ainda mais desesperados e decididos a resistir. Logo se difundiu a lenda de que ele, ao ver seus principais fiéis e a melhor parte de seus lutadores assassinados pelo inimigo, tinha decidido acompanhá-los como embaixador diante de Deus. Ele morreu – diziam – para expiar seus crimes e agora está sentado à direita de Deus, dirigindo a defesa. Logo – se rumorejou – ele retornará em glória, acompanhado pelo Rei Dom Sebastião e com uma escolta de anjos e arcanjos, todos armados com espadas de fogo para lutar contra o Anti-Cristo.

Todos os corações estavam iluminados e, apesar da fome e da sede, os dizimados sectários seguiam lutando obstinadamente. Uns poucos desertaram e assim salvaram suas vidas, buscando refúgio na mata impenetrável e voltando a suas casas quando cessou o alarme, onde alguns deles possivelmente ainda vivem, esperando o milênio e a segunda vinda à terra do profeta. Deixemo-los viver e contemplar os colibris suspensos no ar sobre as flores, os lagartos aquecendo-se ao sol, escutar o misterioso som que surge da mata na noite dos trópicos, aspirar o aroma da úmida vegetação e lavrar seus cultivos de mandioca e milho. Esse é o verdadeiro milênio, embora eles não soubessem, e cada homem constrói ou destrói por si mesmo seu destino, enquanto a saúde lhe permita apurá-lo e desfrutá-lo.

Eles foram os últimos a escapar da iminente condenação, pois em outubro o cerco se fez tão estrito que nem um rato podia sair do povoado. Por essa época o destino dos sitiados estava selado e sua destruição era certa se continuassem resistindo. Teria sido uma boa medida ter proclamado uma anistia, já que como Antônio Conselheiro e todos os outros líderes estavam mortos, o povo teria voltado a seus lares se lhe tivessem assegurado a vida. Poucos governos se mostram muito dispostos tanto à piedade como ao senso comum, e os brasileiros não foram exceção à regra que parece determinar que tanto as monarquias como as repúblicas odeiem a humanidade e sejam odiadas por ela.

Assim, mais uma vez a luta começou, com variada fortuna ao longo de todo outubro, e a animosidade, levada à beira da loucura em ambos bandos, reinou indiscriminadamente. Tomavam prisioneiros e os levavam arrastados diante do general. Quando eram interrogados, permaneciam em silêncio ou o desafiavam, e em ambos casos, com um gesto com a mão, sua morte era ordenada.

Nenhum deles vacilou ou fraquejou por um momento, alguns tiveram um sorriso desafiante ao sentir o fio da faca que no próximo instante seria enterrado em suas gargantas. As tropas se cansaram da carnificina, mas não havia folga, e todas as ofertas de rendição ficavam sem respostas.

A água começou a faltar e os sitiados jagunços sofriam uma sede terrível. Para trazer água para seus companheiros e mulheres, alguns protagonizaram atos prodigiosos de coragem, escapando para fora, sob as balas, para encher um mísero odre ou cabaça, com o máximo risco para suas vidas.

A cada sucessivo grupo de cabanas que era tomado e destruído, o próximo resistia ainda com mais obstinação, cobrando um alto número de soldados mortos e feridos. Às vezes o famélico povo, reunindo todos os homens capazes de usar armas, disparava desesperadamente sobre as tropas, em cujas fileiras começou a crescer um sentimento de comiseração por sua louca bravura e seu desprezo à morte. Toda a noite a artilharia descarregava sobre o povoado, iluminando-o quando os projéteis incendiavam as miseráveis cabanas, derrubando as partes da igreja ainda erguidas e destruindo os últimos pontos altos onde se posicionavam os atiradores.

Nada pôde quebrar a resolução dos sectários, que desapareciam rapidamente, e quando o rugir dos canhões cessava, as alongadas notas dos salmos flutuavam através da noite, mas agora mais vacilantes, como as perdidas almas do purgatório clamando por socorro.

As repetidas mensagens que o marechal enviava para que se rendessem continuavam ficando sem resposta e até uma oferta de armistício foi utilizada pelos jagunços para enviar uma multidão de mulheres famélicas que, encabeçadas por Antônio Beatinho, cruzaram como fantasmas o acampamento, vítimas durante meses da fome e da sede. Os guerreiros retiraram-se ainda mais para dentro nos escuros esconderijos das ruas e sustentaram um fogo intenso sobre as tropas com seus últimos cartuchos.

Passaram-se os dias, dias que devem ter sido semanas para os encurralados defensores, encerrados em suas trincheiras e poços. Durante todo outubro prolongou-se a miserável carnificina, até que finalmente, a 5 de novembro de 1897, tudo esteve silencioso como uma tumba. Não saíam disparos das pilhas fumegantes de ruínas e não se elevou um hino ao perdido Conselheiro dos jagunços. Os soldados, temendo uma emboscada, avançavam, passando por trincheiras cheias de mortos até o limite e pelas ruas lotadas de cadáveres que jaziam como haviam caído, alguns à porta de suas próprias cabanas, outros com as caras enfiadas em charcos de barro até os quais haviam se arrastado em sua agonia em busca de um pouco de água.

Todos os jagunços tinham se reunido com seu Conselheiro. Das últimas trincheiras, os soldados receberam o fogo dos últimos poucos defensores de Canudos, fiéis até a morte. Dois meninos, um homem e um velho veterano continuavam lutando ainda, até que a descarga de um soldado estendeu-os para descansar, de frente com o inimigo.

Sob uma cobertura de terra, em uma tumba pouco profunda, cavada às pressas, depois de uma busca os conquistadores encontraram o corpo de Antônio Conselheiro. Vestido com sua longa túnica azul, suas mãos cruzadas piedosamente sustentando o crucifixo contra seu peito, ali jazia esperando a chegada do Rei, esse Dom Sebastião que ele acreditava que viria para reger o mundo em glória, eliminar a injustiça, humilhar os poderosos e exaltar os pobres de espírito, dando-lhes a terra por herança.

Algum dos fiéis tinha depositado umas flores murchas sobre seu peito. Seu corpo estava estendido sobre um puído pedaço de esteira e seus dois olhos estavam cheios de areia.

Esta obra foi composta por Eveline Teixeira
em Iowan, impressa em papel Chamois 80g/m² da Rilisa,
pela Cromosete Gráfica e Editora Ltda.
para a Sá Editora/Editora da UNESP em novembro de 2002.